La langue des signes française

À l'école, au collège et au lycée

RESSOURCES
FORMATION

ENJEUX DU SYSTÈME ÉDUCATIF

La langue des signes française

À l'école, au collège et au lycée

Mireille Golaszewski

scérén
[CNDP]

Coordination éditoriale : Frédérique Lorenceau
Secrétariat d'édition : Émilie Imbert, Isabelle Garcia-Dubuy
Iconographie : Laurence Geslin
Mise en pages : Catherine Challot

Les signes de la numérotation manuelle (de 1 à 9) utilisés au début de chaque chapitre proviennent du site CIS Aquitaine : http://www.cis.gouv.fr

ISBN : 978-2-240-03056-6
ISSN : 1159-4128

Préface

Près de 10 000 enfants atteints de déficience auditive sont scolarisés dans le premier et second degré public ou privé (année scolaire 2007-2008). Parmi eux, plus des deux tiers (7 236) le sont dans les écoles et établissements scolaires du ministère de l'Éducation nationale, et les autres dans les établissements médico-sociaux.

La loi du 11 février 2005 relative à l'égalité des droits et des chances stipule que, « dans l'éducation et le parcours scolaire des jeunes sourds, la liberté de choix entre une communication bilingue, langue des signes et langue française, et une communication en langue française est de droit » (art. L.112-2-2). L'Éducation nationale a pris des dispositions pour que ces modalités puissent désormais être mises en œuvre.

La déficience auditive est extrêmement invalidante pour les apprentissages : affectant les compétences langagières, elle freine l'acquisition des savoirs transmis à l'école, mais aussi ailleurs, dans la vie courante, dans la famille et dans la société. Elle a également un lourd impact sur l'appropriation de compétences, que celles-ci soient langagières, communicationnelles ou autres. Les savoirs et les savoir-faire contribuent à la construction de la personnalité – et ce, dès le plus jeune âge – et participent de ce savoir-être nécessaire au plein épanouissement de l'enfant, de l'adolescent, puis de l'adulte. La personne sourde ou malentendante, comme la personne entendante, est avant toute chose une *personne* qui doit être en pleine possession de toutes ses capacités, existantes ou à développer, pour être le plus possible en harmonie avec elle-même et avec le monde qui l'entoure. C'est une des missions de l'école que de favoriser l'émergence de ce potentiel par la scolarisation obligatoire pour tous les enfants jusqu'à l'âge de 16 ans et par l'éducation qui lui est indissociable. Tous les enfants, sans exception, sont ici concernés, et l'obligation d'égalité des chances pour tous trouve une résonance particulière pour ces élèves à besoins particuliers (en anglais : *special needs education,* SNE[1], sigle communément utilisé)

1. Les sigles sont développés dans le glossaire, en fin d'ouvrage.

qui sont sourds ou malentendants. Il faudra donc trouver des moyens d'adapter et de compenser pour tout ce qui relève des processus de scolarisation : de l'invention d'approches pédagogiques adaptées à l'adaptation des épreuves d'examens et concours, en passant par l'accessibilité. Nous sommes bien loin aujourd'hui de la « démutisation » (ensemble de méthodes anciennes : approche médicale de la réparation), imposée violemment aux personnes sourdes, à une époque où la démarche adoptée était celle de leur intégration par conformité à des normes établies pour tous. Les concepts de « réparation », de « réadaptation », de « compensation » et d'« accessibilité » ont été notamment définis par Patrick Gohet, délégué interministériel aux Personnes handicapées, lors d'un séminaire qui s'est tenu à l'École nationale supérieure de l'Éducation nationale (ESEN), à Poitiers, le 18 mai 2009[2].

Il a paru nécessaire de fournir les ressources les plus récentes sur ce dossier. Il est destiné aux associations, aux enseignants, aux éducateurs, dans le cadre de l'école, mais aussi à tous ceux qui, formateurs ou parents, souhaitent trouver un ensemble de documents permettant d'éclairer leur approche de la surdité. Il y a en effet un gros déficit d'informations sur l'engagement de l'Éducation nationale et sur ses actions, comme on peut le constater trop souvent encore lors de journées ou séminaires organisés par les associations et dans les instituts spécialisés.

De plus, cet ouvrage s'adresse aux futurs candidats au CAPES de LSF – ouvert pour la première fois en 2010 – afin de les aider à se familiariser avec les problématiques complexes de la scolarisation des élèves malentendants ou sourds, et avec le développement de la langue des signes en milieu ordinaire.

Il ne s'agit pas ici d'un traité de linguistique sur la langue des signes française, qui a déjà fait l'objet de nombreux travaux de recherche et de publications universitaires. Cet ouvrage traite de la problématique des conditions de scolarisation des élèves déficients auditifs, scolarisés en milieu ordinaire.

Le premier chapitre se veut avant tout informatif. Il passe en revue les grandes dates de l'évolution de la langue des signes qui a récemment trouvé un aboutissement heureux avec la loi du 11 février 2005[3]. Les autres chapitres concernent la surdité, l'acquisition d'un langage, les contenus d'enseignement

2. L'intégralité de cette conférence est en ligne sur le site de l'ESEN.

3. Loi du 11/02/2005 relative à l'égalité des droits et des chances, la participation et la citoyenneté des personnes handicapées.

de la LSF, la construction des « pôles LSF », l'évaluation des élèves. Les deux derniers chapitres, quant à eux, concernent la formation des enseignants et le rôle décisif des nouvelles technologies comme aide aux apprentissages.

Il s'agit ici d'un travail collaboratif. L'auteur remercie les contributeurs entendants et sourds pour la mutualisation des ressources et leurs apports d'experts.

Le ministère de l'Éducation nationale n'a certes pas attendu la loi du 11 février 2005 pour prendre en compte ses obligations. Mais il est vrai que cette loi a déclenché une prise en charge sans précédent de la scolarisation des élèves déficients auditifs. Elle a fait l'objet d'instructions détaillées publiées dans le Bulletin officiel de l'Éducation nationale n° 31 du 31 août 2006. Les travaux considérables accomplis par divers groupes de travail au sein du ministère aboutissent aujourd'hui à des mesures concrètes de nature à ne plus décevoir des demandes trop longtemps différées. Cet ouvrage recense les réalisations effectives telles que l'existence de programmes de LSF (dans un cadre défini plus loin), d'une option de LSF au baccalauréat et de l'ouverture du CAPES LSF en 2010.

Le chantier est ouvert et en cours. Il reste fort à faire, et tout particulièrement dans le domaine de la formation des enseignants. Les chapitres V, VII et VIII en donneront des illustrations.

Il est toutefois permis aujourd'hui, au vu de tout ce qui a été mis en place en trois ans, de cultiver un optimisme relativement raisonnable. Et pour deux raisons au moins. D'une part, le processus de scolarisation des élèves déficients auditifs en milieu ordinaire (dans le cadre de ce que l'on appelle aujourd'hui l'école inclusive) est enclenché : la trajectoire est tracée, les besoins en ressources matérielles (outils spécifiques) et humaines (enseignants aux compétences avérées) sont identifiés. D'autre part – et ceci est essentiel –, les mentalités sont en train de bouger : l'assurance d'une volonté politique pour voir aboutir les mesures nécessaires, la mise à disposition – progressive mais convaincue – par l'Éducation nationale de moyens pour les rendre efficaces, l'assurance aujourd'hui partagée par de nombreux acteurs de terrain et décideurs que ce projet nécessaire et ambitieux est l'affaire de tous au sein de l'école, à quelque niveau d'action que l'on se trouve, donnent en effet un tour particulier à la démarche adoptée. Une « culture de la déficience auditive » (comme il existe d'autres formes de culture pour tous les types de handicaps) est en train de se construire : elle intègre l'idée de mutualisation d'idées et de ressources, au-delà des clivages institutionnels, des prises de positions idéologiques, courants ou écoles de pensées. L'heure n'est plus à la division, mais à la coopération, avec un but unique : celui de permettre à tous ces enfants déficients auditifs de communiquer entre eux certes, mais aussi avec les autres, condition nécessaire à leur bonne insertion sociale.

Rappelons-le ici : tous les moyens de communication sont acceptables (oralisme et recours au LPC, bilinguisme et usage de la LSF) et doivent être proposés dès lors qu'ils correspondent le mieux aux choix des familles, c'est-à-dire aux capacités propres à chaque enfant dans l'environnement familial, scolaire et sociétal dans lequel il se trouve.

Si le choix du bilinguisme a été retenu ici, dans un ouvrage qui situe ses réflexions et ses problématiques dans le milieu scolaire, c'est parce que, dans ce domaine, aujourd'hui, depuis la loi du 11 février 2005, le ministère de l'Éducation nationale s'est beaucoup investi et que la tâche était des plus ardues. L'institution a été aidée en cela par des pionniers à qui elle se doit de rendre hommage et qui, depuis plus de vingt ans, ont ouvert la voie, en prenant appui sur des associations, à Poitiers et à Toulouse. Les « parcours bilingues » qui y ont été implantés ont inventé des dispositifs dont l'Éducation nationale s'inspire aujourd'hui. Car, s'il a été démontré qu'il était possible de scolariser harmonieusement les enfants sourds, des horizons d'attente ont été tracés. Les statistiques fournies régulièrement par la Direction générale de l'enseignement scolaire (DGESCO) indiquent la présence d'un nombre important d'élèves déficients auditifs sur l'ensemble du territoire national, et c'est à un maillage territorial qu'il faut passer aujourd'hui, dans le cadre de l'égalité des chances pour tous.

Dès lors, les conditions de mise en œuvre de ce bilinguisme choisi par les familles pour leur enfant sourd passe par la multiplication de « pôles LSF », dont il est précisément question au chapitre VI. Ils se mettent progressivement en place, sous l'impulsion des recteurs d'académie et des IEN-ASH.

Le volontarisme des autorités académiques est une réalité, et on assiste à une explosion de l'ouverture de ces pôles qui augure positivement de l'avenir.

La mutualisation des ressources et des compétences, qui est en cours, permettra de relever le défi. L'optimisme n'est pas factice, il est tempéré de réalisme, tant les besoins sont importants. Le chapitre IX est consacré aux apports du numérique. Outre l'entrée dans des sites dédiés, celui-ci offre des outils spécifiques qui joueront leur rôle dans le développement de l'enseignement de la LSF. Les universités, de leur côté, s'engagent dans la mise en place de formations à la LSF (licence puis master, en lieu et place) et de mise à disposition de ressources sur leurs plates-formes de diffusion.

Les parcours suivront désormais une ligne verticale, de la maternelle à l'université, en passant par les lycées d'enseignement général, professionnel et au-delà, avec le pôle de Rouen à vocation nationale qui permet une préparation aux BTS et une CPGE scientifique pour les élèves issus de la filière STI, offrant ainsi aux jeunes déficients auditifs et à leurs familles l'assurance d'une trajectoire sans rupture : ici, plus qu'ailleurs, celle-ci ajouterait un handicap qu'il faut, à coup sûr, éviter.

La loi du 11 février 2005 a été un déclencheur de toutes ces actions. En désignant la langue des signes comme une « langue à part entière » (article L. 312-0-1) et une « langue française », elle l'a positionnée au rang de discipline de scolarisation pour les enfants de la République française dont les familles en font le choix (article L. 112-3).

Elle l'a définitivement inscrite dans un processus dont nous voyons aujourd'hui les premiers aboutissements à court terme, mais aussi les implications et les perspectives, érigées en obligations pour le moyen et pour le long terme.

Nous tenons à remercier le directeur du CNDP et son équipe pour leur offre de publication de cet ouvrage dans la collection « Ressources et Formation ». Il y a, en effet, toute sa place, l'offre de ressources et la formation étant plus que jamais d'actualité sur un sujet aussi relativement nouveau dans l'Éducation nationale.

Mireille GOLASZEWSKI
Inspecteur général,
groupe des langues vivantes,
mission scolarisation des élèves handicapés.

Chaque chapitre est précédé d'une citation extraite du roman d'Emmanuelle Laborit, *Le Cri de la mouette*[4]. En effet, le parcours d'Emmanuelle Laborit est emblématique. Petite fille née sourde, elle a connu l'enfermement de la surdité jusqu'à sa découverte de la langue des signes aux alentours de 7 ans. Elle s'est alors ouverte aux autres et au monde, en adoptant cette langue avec enthousiasme, et a pu concrétiser son rêve de devenir actrice. Elle a reçu le Molière de la révélation théâtrale en 1993 pour son rôle dans *Les Enfants du silence*, adapté de la pièce américaine de Mark Medoff. Elle dirige aujourd'hui l'International Visual Theatre (IVT) à Paris et poursuit son combat en étant une des porte-parole de la communauté sourde. Son action et son engagement attestent qu'il est possible de sortir du monde du silence en inventant des voies (voix) autres. Son roman, autobiographique, fait découvrir aux personnes entendantes toutes les difficultés de se créer une identité lorsque l'on est sourd, mais aussi le bonheur de la communication par cette langue des signes qui traduit aussi bien les objets du monde que les plus subtils méandres de la pensée conceptuelle.

---

4. Laborit E., *Le Cri de la mouette*, Robert Laffont, Paris, 1994, Pocket jeunesse, 2003.

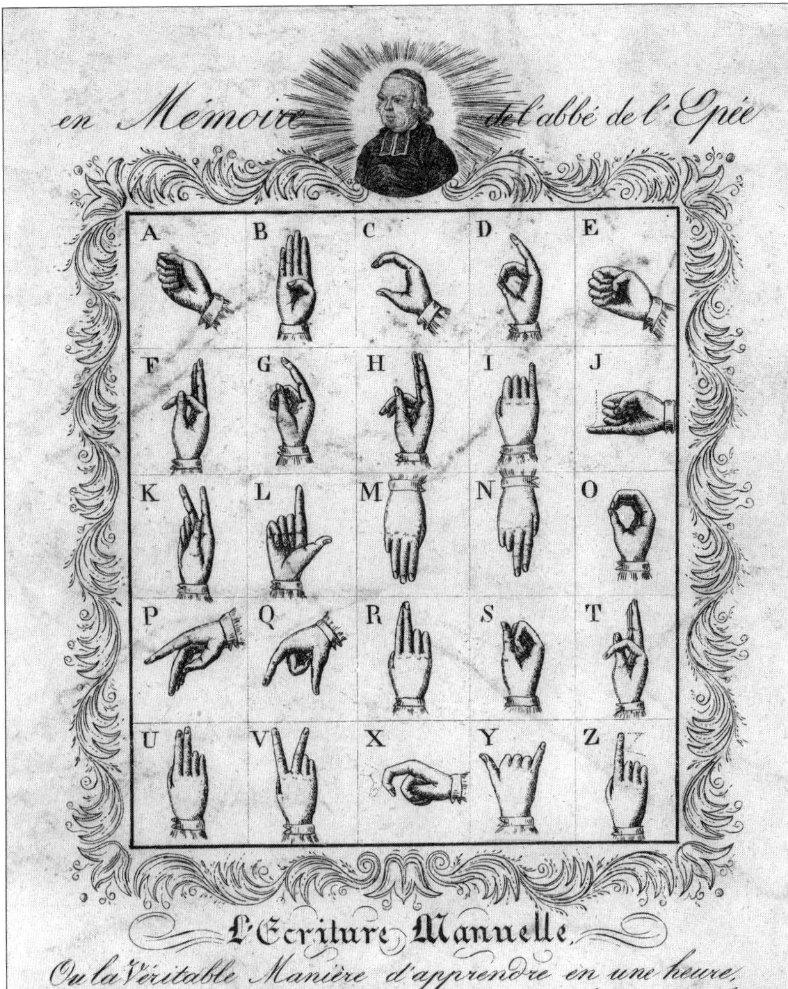

L'alphabet du langage des signes, tel que défini par l'abbé de L'Épée pour les sourds-muets, c. 1770.

CHAPITRE PREMIER

Aspects historiques

Par contre, ce que j'ai compris immédiatement, c'est que je n'étais pas seule au monde. Une révélation choc. Un éblouissement. Moi qui me croyais unique et destinée à mourir enfant, comme l'imaginent beaucoup d'enfants sourds, j'ai découvert que j'avais un avenir possible, puisque Alfredo était adulte et sourd ! Cette logique cruelle dure tant que les enfants sourds n'ont pas rencontré d'adulte sourd. Ils ont besoin de cette identification à l'adulte, un besoin crucial.

Emmanuelle LABORIT,
Le Cri de la mouette, chapitre VII.

Les questions que l'on se pose

Combien d'enfants sourds et malentendants sont scolarisés dans les premier et second degrés ?

10 700 enfants atteints de déficience auditive sont scolarisés dans le premier et second degré public ou privé (année scolaire 2007-2008). Parmi eux, plus des deux tiers (7 236) le sont dans les écoles et établissements scolaires du ministère de l'Éducation nationale et les autres dans les établissements médicaux sociaux.

Les établissements médicaux sociaux accueillent 6 003 enfants et en scolarisent directement 3 500, 2 000 élèves accueillis étant scolarisés dans les établissements du ministère de l'Éducation nationale.

Le ministère de l'Éducation nationale scolarise globalement 7 236 élèves sourds ou malentendants (dont les 2 000 accueillis dans les établissements médico-sociaux), et cet effectif reste stable (7 192 élèves en 2006-2007). Il constitue 4,5 % de l'ensemble des 162 016 élèves handicapés scolarisés par le ministère.

4 105 élèves sont scolarisés dans le premier degré, 3 131 dans le second degré. La population des sourds et malentendants est plus âgée (âge moyen : 10,48 ans, contre 9,87 ans pour l'ensemble), la répartition par sexe est équilibrée (47,6 % de filles), elle est plus majoritairement scolarisée à un niveau de formation supérieur, type lycée ou lycée professionnel (1 786 élèves sont scolarisés au niveau collège, 634 au niveau lycée, 425 au niveau lycée professionnel), et la population scolarisée en SEGPA est proportionnellement plus faible (167 élèves). Les sourds et malentendants sont plus fréquemment scolarisés en classe ordinaire exclusivement (3 360 dans le premier degré et 2 670 dans le second), et fréquentent par conséquent moins les CLIS (715) et les UPI (461) : 16,37 % utilisent donc un dispositif collectif (CLIS ou UPI), contre 31,6 % pour l'ensemble des handicapés.

N'y a-t-il pas un risque d'éparpillement de ces élèves scolarisés en milieu ordinaire ?

Tout est fait, au contraire, pour l'éviter. Un enfant sourd qui serait scolarisé de façon isolée serait condamné, en quelque sorte, au mieux à vivoter, sûrement pas à progresser. Le caractère très spécifique de la communication en langue des signes, qui s'opère en face-à-face, réclame la présence d'un « interlocuteur ». De plus, l'enfant, l'élève sourd, a besoin de s'identifier à un adulte qui partage les mêmes valeurs, linguistiques et culturelles. La construction de « pôles LSF » présentés plus loin rend compte de cette nécessité de créer une communauté sourde où l'élève trouve à s'épanouir. Ces structures sont différentes des unités pédagogiques d'intégration qui, pour leur part, accueillent et scolarisent des élèves qui ont besoin d'un soutien supplémentaire.

La langue des signes est-elle une langue nouvelle, récente ?

La langue des signes est une redécouverte récente, mais elle est très ancienne : la sémiogenèse [1] montre que les prémices d'une langue des signes se mettent en

1. Voir en particulier les travaux d'Ivani Fuselier-Souza (2004), *Sémiogenèse des langues des signes : étude de langues des signes primaires (LSP) pratiquées par des sourds brésiliens.* Thèse de doctorat sous la direction de Christian Cuxac, université Paris-8, Saint-Denis.

place dès l'instant où une personne sourde est présente, même si les personnes qui l'entourent ne sont pas locutrices d'une langue des signes. C'est dans ce sens que l'on présente la langue des signes comme l'expression naturelle des personnes sourdes, car, plus qu'une privation de l'ouïe, la surdité implique une perception visuelle et spatiale du monde.

On peut donc en inférer que la langue des signes, ou tout au moins la communication gestuelle, s'est spontanément mise en place dans les temps les plus anciens, et ce dès les temps préhistoriques, bien avant l'invention d'une forme écrite de la langue. D'ailleurs, dès la mise en place de celle-ci en Assyrie, deux caractères cunéiformes[2] attestent que les personnes sourdes ne sont pas passées inaperçues.

Pourquoi alors celle-ci n'a pas été valorisée ?

La surdité et la communication gestuelle n'ont eu de cesse d'interroger et d'interpeller les témoins de leur temps. Les traces les plus anciennes que nous avons de ces réflexions sont celles des penseurs et philosophes grecs. Ainsi, Platon, dès le IVe siècle avant J.-C., rapporte-t-il un dialogue entre son maître Socrate et son propre disciple Hermogène : « Si nous n'avions point de voix, ni de langue et que nous voulussions nous montrer les choses les uns aux autres, n'essaierions-nous pas comme le font les muets de les indiquer avec les mains, la tête et le reste du corps ? » Et son interlocuteur de répondre : « Il ne peut, je crois, en être autrement[3]. »

L'aspect langagier des gestes est admis, sans aller toutefois vers une équivalence avec la langue articulée.

Le disciple de Platon, Aristote, émet des doutes sur les capacités intellectuelles des personnes sourdes, doutes qu'il explicite en particulier dans son ouvrage *Sur la sensation et le sensible*[4]. Il reconnaît que la vue est le sens le plus précieux relativement aux nécessités de la vie, « mais pour l'intelligence, bien qu'indirectement, c'est l'ouïe. C'est ce sens qui rend les plus grands services à la pensée, puisque c'est le langage qui est cause que l'homme s'instruit et que le langage est perçu par l'ouïe, non pas, il est vrai, en lui-même, mais

2. Jean Bottero, spécialiste de cette civilisation, a en effet identifié ces termes.
3. Platon, *Le Cratyle*, XXXIV, 423-444b.
4. Aristote, *Sur la sensation et le sensible*, I.

indirectement. C'est que le langage se compose de mots et que les mots ne sont jamais que des signes ». Le lien entre langage et développement de la pensée est ainsi posé pour des siècles : l'influence du « père » de la logique formelle qu'est Aristote sur la pensée occidentale (dans bien des domaines...) a perduré et perdure encore.

L'abbé de L'Épée n'a donc pas inventé la langue des signes ?

Non, il s'en est inspiré seulement. Comme bien d'autres avant lui, il s'est interrogé sur la meilleure façon d'éduquer les sourds, mais, à la différence de ses prédécesseurs, il est le premier à prendre en considération leur langue. Il rompt ainsi avec une tradition séculaire de supériorité de la parole vocale : non que l'abbé nie le besoin de celle-ci ni n'écarte son enseignement, mais il défend l'idée d'une instruction par signes, dispensée au préalable de façon collective, ce qui est une seconde rupture importante... En effet, il s'agissait jusque-là d'un enseignement de type préceptoral, donc individuel, centré sur l'apprentissage de la parole, l'émission de sons, réservé à une élite, une catégorie de la population suffisamment aisée, alors que l'abbé de L'Épée s'adresse aux plus pauvres, voire indigents. Son apport est donc de trois ordres :

- il considère la langue des signes comme un vecteur de la transmission du savoir ;
- son enseignement est collectif, ce qui permet à la langue des signes de s'enrichir et de se structurer, par le biais de multiples contacts de ses locuteurs ;
- il s'adresse aux couches les moins aisées de la population.

Afin de faciliter le passage de la langue des signes – par nature spatiale et spontanée – à la langue française – d'ordre linéaire –, l'abbé met en place une méthode qu'il appelle « signes méthodiques ». C'est sans doute la raison pour laquelle on pense – à tort – qu'il a inventé la langue des signes : les signes méthodiques ont une visée pédagogique, il s'agit d'une méthode formelle, non d'une langue... Par cette méthode d'ailleurs, la logique inhérente à la langue des signes ainsi que sa syntaxe sont dénaturées, mises au service de la langue française.

L'initiative prise par l'abbé de L'Épée perdure-t-elle ?

Cette initiative introduit une rupture durable en effet. Le caractère pionnier de cette entreprise suscite beaucoup d'admiration de part et d'autre, mais cristallise surtout une querelle de méthodes qui n'avait pas cours jusque-là. En effet, quelles que soient les orientations quelque peu différentes de ces méthodes mises en place alors (celle de l'Anglais John Wallis ou celle, plus restrictive, du Suisse Conrad Amman par exemple), l'essence même de la démarche n'est pas remise en question : l'apprentissage de la langue française à travers sa modalité orale, exclusivement ou non ; c'est uniquement sur ce point que les pratiques divergent.

L'abbé de L'Épée ouvre donc une voie nouvelle, qui reconnaît explicitement la langue des signes des personnes sourdes, et c'est le point de départ d'un conflit pédagogique qui oppose l'apprentissage par la parole vocale et l'apprentissage par la langue des signes. Ce débat complexe est toujours d'actualité.

Quoi qu'il en soit, l'œuvre de l'abbé de L'Épée est reconnue par le roi de France Louis XVI et institutionnalisée dès 1789, ce qui, peut-on penser, garantit une certaine légitimité.

Pourquoi dès lors l'expression gestuelle des sourds est-elle proscrite à la fin du XIXe siècle ?

Plus que le bouleversement d'approches pédagogiques établies et l'apport d'une méthode d'enseignement, l'abbé de L'Épée a posé les bases d'un changement de paradigme vis-à-vis de la surdité de l'élève sourd, pensé comme le locuteur d'une langue gestuelle et pas seulement comme un individu privé d'ouïe.

Mise en place dans le contexte du Siècle des lumières [5], période propice à une certaine réflexion philosophique, l'action pionnière de l'abbé de L'Épée évolue dans un XIXe siècle plus rationaliste, scientiste, méfiant à l'égard de la langue des signes et qui ne considère de la personne sourde que la défaillance d'une audition que l'on s'acharne à réparer. La théorie de la dégénérescence [6] la décrit même comme le symptôme d'une maladie.

La personnification de ce rejet des signes pourrait revêtir les traits du médecin Jean Marc Gaspard Itard [7], qui postule, dès 1800, qu'une « guérison » de

---

5. À la fin du XVIIIe siècle plus exactement : l'abbé a rencontré vers 1760 ses premiers élèves, et sa méthode n'a été mise au point que vingt ans plus tard.
6. Théorie du XIXe siècle relative à l'aliénation mentale.
7. Connu pour ses tentatives d'éducation de Victor, l'enfant sauvage de l'Aveyron.

la surdité est préférable à l'instauration d'une éducation spécialisée. Ainsi, la surdité est perçue comme une maladie à soigner, et la médecine s'empare de la question sourde : la langue des signes, accusée de rendre encore plus difficile l'acquisition de la langue articulée, est pointée du doigt.

Le congrès pour « l'amélioration du sort des sourds-muets » organisé à Milan du 6 au 11 septembre 1880 n'est que l'épilogue d'un combat commencé au début du siècle, visant à évincer la langue des signes de l'enseignement. En tant que telle, cette assemblée n'a pas d'importance en termes exécutifs, et d'ailleurs, des opinions contraires à celle-ci sont exprimées par le médecin adjoint de l'institut Saint-Jacques[8] – établissement emblématique en tant qu'héritier de l'œuvre de l'abbé de L'Épée – à Milan et en 1880, mais à un autre congrès, tenu juste avant. C'est la décision d'appliquer les recommandations (purement consultatives) de ce congrès par le ministère de l'Intérieur qui lui donne un certain crédit : la langue des signes est proscrite (de fait, non de droit) dans l'enseignement.

D'autres raisons, communes aux langues régionales ou minoritaires, conduisent à cette interdiction, tel le renforcement de la cohésion nationale, qui passe par l'unification linguistique, dans un contexte historique de défaite face à la Prusse et d'institution d'une école républicaine, laïque, obligatoire et gratuite. On peut aussi invoquer des motifs religieux (la Bible exalte le pouvoir de la parole à travers des formulations de type « Dieu dit... et cela fut... ».) ou bien culturels (le XIXe siècle est pudibond).

Pourquoi parle-t-on de « culture » sourde ?

On assiste au XIXe siècle à une certaine médicalisation de la surdité et à un retour absolu à un enseignement oral, vocal, mais, parallèlement, un mouvement sourd se met en place. Celui-ci témoigne d'une prise de conscience identitaire, les Sourds[9] expriment leur volonté de s'affranchir de la tutelle de la communauté majoritaire, les Entendants. Le premier professeur sourd en

8. Allocution d'Édouard Fournié au Congrès international d'otologie, Milan, du 6 au 9 septembre 1880.

9. La majuscule n'est en rien péjorative à l'égard des sourds, elle indique simplement qu'il est fait référence au locuteur linguistique membre d'une communauté culturelle, et non à une personne déficiente de l'ouïe.

titre, Ferdinand Berthier, marque le pas et organise cette émancipation au nom du peuple sourd-muet. Dès lors, ce mouvement se structure hors des murs de l'Institution des sourds-muets de Paris, organise des réseaux, et ne cessera pas après l'« onde de choc » que produit le congrès de Milan et ses applications concrètes. Mais il tombe plutôt en sommeil. À partir de la fin du XIXe siècle en effet, le militantisme qui le caractérisait s'éteint progressivement, comme si le discours dépréciatif autour de la langue des signes puis son interdiction l'avaient assommé.

Le « réveil » des années 1970 s'inscrit donc dans une certaine continuité : la langue des signes a effectivement disparu de la scène publique pendant presque cent ans, mais les Sourds n'ont jamais cessé de la pratiquer, de percevoir et de dire ce qui les entoure à travers elle. En interdisant leur moyen de communication le plus naturel, leur participation à la société dominante a été limitée, comme si l'orbite de la « planète » sourde était repoussée aux confins de la galaxie entendante. La culture sourde dénote cette façon singulière d'être au monde. Décrite selon un angle de vue particulier et une histoire propre, elle ne s'oppose en rien à la culture majoritaire comme on lui reproche parfois.

La LSF n'a donc pas disparu de par cette interdiction? Elle est aujourd'hui enseignée?

La LSF n'a jamais cessé d'exister à travers les foyers, les associations, diverses activités, notamment sportives. Elle n'a disparu que de façon visible, en particulier là où les personnes sourdes en auraient eu bien besoin : les établissements scolaires. L'intégration scolaire, affirmée avec force en 1975 [10], ne fait que renforcer cette éviction [11], et il faudra attendre 1991 [12] pour que la LSF soit reconnue, timidement, de façon officielle.

Toutefois, si l'objectif d'éradiquer la LSF n'a pas été atteint, force est de constater que cette langue est devenue entre-temps une langue stigmatisée [13], connotée de façon négative.

---

10. Loi n° 75-534 du 30 juin 1975 d'orientation en faveur des personnes handicapées.
11. F. Bertin, « Intégration scolaire et éducation bilingue : des objectifs contradictoires? », *NRAIS*, n° 21, Cnefei, Suresnes, 2002.
12. Article 33 de la loi 91-73 du 18 janvier 1991, « portant dispositions relatives à la santé publique et aux assurances sociales ».
13. B. Mottez, *À propos d'une langue stigmatisée, la langue des signes*, CTNERHI, Paris, 1976.

Sa pleine reconnaissance par la loi du 11 février 2005 [14] ainsi que la volonté de certifier des enseignants à son enseignement marquent un tournant dans son histoire.

Fabrice Bertin

Sourd, professeur d'histoire et géographie
à l'INSHEA, Institut national supérieur de formation et de
recherche pour l'éducation des jeunes handicapés
et les enseignements adaptés,
doctorant en sciences de l'éducation, Paris-8

Repères chronologiques

Ve siècle

529 : le concile d'Orange autorise les sourds à demander le baptême par signes.
530 : code Justinien (première trace d'un statut juridique).

XIIIe siècle

1202 : le mariage est autorisé (décrétales du pape Innocent III mais le premier mariage entre personnes sourdes n'a lieu qu'en 1844).

XVIe et XVIIe siècles. Les prémices d'une éducation des sourds

1545 : premières traces officielles d'instruction d'enfants sourds de famille noble à Ona par Pedro Ponce de Léon (Espagne).
1620 : Juan Pablo Bonet publie *Reducción de las letras y arte para enseñar a hablar a los mudos*, premier livre sur l'éducation des sourds : un alphabet manuel, ancêtre de notre dactylologie y est présenté.
1640 : le grammarien John Wallis met en place un enseignement de la langue anglaise pour les sourds. Il enseigne l'anglais comme une seconde langue.
1692 : le Suisse J. Conrad Amman publie *Le Sourd parlant (De Surdus loquens)*. Il préconise un apprentissage strict de la langue articulée, à l'exclusion de tous gestes.

XVIIIe siècle

Début : « école » d'Étienne de Fay à Amiens.
1745 : Jacob Rodriguez Pereire se fait connaître en tant que précepteur d'enfants sourds.
1760 : Charles Michel de L'Épée crée un cours chez lui.

14. Loi n° 2005-102 pour l'égalité des droits et des chances, la participation et la citoyenneté des personnes handicapées, art. 75.

1779 : « observations d'un sourd-muet » de Pierre Desloges.
1789 : mort de l'abbé de L'Épée. Son successeur désigné est l'abbé Sicard.
1791 : l'école de l'abbé de L'Épée est institutionnalisée.

XIXe siècle. Un siècle en demi-teinte

1800 : un poste de médecin est créé à l'institut : Jean Marc Gaspard Itard y est nommé.
1816 : Laurent Clerc, un sourd français ancien élève de Sicard et enseignant à Saint-Jacques, part aux États-Unis accompagné du révérend Thomas Gallaudet. Ils sont à l'origine de l'université Gallaudet ; la LSF « s'exporte ».
1819 : deux enseignants sourds deviennent professeurs en titre à l'Institution des Sourds-Muets de Paris : Ferdinand Berthier et Alphonse Lenoir.
1834 : le premier banquet commémorant la naissance de l'abbé de L'Épée est organisé : c'est « l'acte de naissance de la nation Sourde » (B. Mottez).
1880 : congrès de Milan : les signes sont bannis de l'enseignement.

XXe siècle

1910 : les deux psychologues Alfred Binet et Théodore Simon publient leur enquête sur l'éducation des sourds, 30 ans après l'interdiction des signes dans l'enseignement (congrès de Milan).
1965 : la première association de parents est créée : l'Association nationale des parents d'enfants déficients auditifs réclame l'application des programmes de l'enseignement ordinaire ainsi que l'intégration scolaire.
1975 : loi n° 75-534 du 30 juin 1975 d'orientation en faveur des personnes handicapées.
1977 : symbole du renouveau de la langue des signes française, un théâtre visuel se met en place : I.V.T. (International Visual Theatre).
1984 : l'association 2LPE (deux langues pour une éducation) est créée pour revendiquer un enseignement bilingue pour les enfants sourds.
1991 : un article de la loi du 18 janvier (n° 91-73 « portant dispositions relatives à la santé publique et aux assurances sociales », dite « loi Fabius ») institue le choix pour les parents d'enfants sourds entre une communication orale et une communication bilingue pour leur éducation. C'est la première mention du terme LSF dans un texte officiel.

XXIe siècle. Un nouveau siècle pour la LSF ?

2002 : conférence de presse du ministre de l'Éducation nationale, Jack Lang : le cadre européen commun de référence pour les langues (CECRL), adopté par 45 pays, est adapté à la LSF.

2005 : loi n° 2005-102 pour l'égalité des droits et des chances, la participation et la citoyenneté des personnes handicapées.
2008 : publication des programmes de LSF au *Bulletin officiel* de l'Éducation nationale et ouverture du site dédié : www.ressources-lsf.cndp.fr.
2010 : première session du CAPES de LSF.

De l'accueil à la scolarisation

De l'accueil des jeunes sourds à leur scolarisation en milieu ordinaire : la loi du 11 février 2005 relative à l'égalité des droits et des chances, la participation et la citoyenneté des personnes handicapées.

S'agissant des sourds et sourds et malentendants, la langue des signes française (LSF) est reconnue comme une « langue à part entière ». La liberté de choix est laissée aux familles entre une « communication bilingue » – LSF et langue française – et une communication en langue française (décret n° 2006-509 du 3 mai 2006, relatif à l'éducation et au parcours scolaire des jeunes sourds).

Attirons l'attention sur certains de ces décrets d'application qui font date aujourd'hui :
- décret n° 2005-1589 du 19 décembre 2005 relatif à la commission des droits et de l'autonomie des personnes handicapées (CDAPH) et modifiant le code de l'action sociale et des familles (partie réglementaire) ;
- décret n° 2005-1617 du 21 décembre 2005 relatif aux aménagements des examens et concours de l'enseignement scolaire et de l'enseignement supérieur pour les candidats présentant un handicap ;
- décret n° 2005-1752 du 30 décembre 2005 relatif au parcours de formation des élèves présentant un handicap ;
- décret n° 2006-509 du 3 mai 2006 relatif à l'éducation et au parcours scolaire des jeunes sourds (liberté de choix de communication).

Il en découle :
- le droit à la compensation, en couvrant les besoins en aide humaine, technique, animalière, en fonction du projet de vie formulé par la personne handicapée ;
- le renforcement des sanctions concernant les entreprises de plus de 20 salariés qui ne satisfont pas l'exigence d'emploi d'au moins 6 % de travailleurs ;
- l'obligation de mise aux normes des bâtiments et transports dans un délai maximal de 10 ans (accessibilité) ;

– la création des maisons départementales des personnes handicapées (MDPH) ;
– le droit pour tout enfant porteur d'un handicap d'être inscrit en milieu ordinaire. L'établissement le plus proche de son domicile constitue l'établissement de référence de cet enfant. Il fait l'objet d'un projet personnalisé de scolarisation (PPS). Celui-ci coordonne le déroulement de la scolarité et l'ensemble des actions pédagogiques, psychologiques, éducatives, sociales, médicales et paramédicales en faveur de l'enfant porteur d'un handicap. Il bénéficie d'un suivi personnalisé par une équipe de suivi de la scolarisation regroupant l'ensemble des personnes qui concourent à la mise en œuvre du PPS. Il s'agit obligatoirement de l'élève, de ses parents et de l'enseignant référent, ainsi que de l'équipe éducative (enseignants, conseillers d'orientation psychologues (COP), médecin ou infirmière qui intervient dans l'école, le cas échéant le directeur de l'établissement de santé). Interviennent également un enseignant référent du parcours scolaire de l'enfant et des auxiliaires de vie scolaire qui facilitent son accueil et sa scolarisation.

Notons enfin, plus récemment :
– l'arrêté du 21 janvier 2008 relatif à la dispense de certaines épreuves de langue vivante du bac général ou technologique pour les candidats qui présentent une déficience du langage et de la parole ou handicapés auditifs ;
– l'arrêté du 15 juillet 2008 relatif à l'enseignement de la langue des signes française à l'école primaire ;
– la circulaire n° 2008-109 du 21 août 2008 relative aux conditions de mise en œuvre du programme de la LSF à l'école primaire ;
– une définition du bilinguisme retenue par les membres du groupe d'experts désignés par le ministère de l'Éducation nationale ;
– l'arrêté du 3 juin 2009 relatif aux programmes de l'enseignement de la langue des signes française au collège et de l'enseignement de la langue des signes française au lycée général, technologique et professionnel.

L'abbé de L'Épée enseignant le langage des signes à un enfant sourd-muet.
Vignette publicitaire des Phares de la Bastille.

CHAPITRE II

Surdité : aspects scientifiques

Il faut convaincre tous les parents d'enfants sourds de les mettre en contact le plus vite possible avec des adultes sourds, dès la naissance. Il faut que les deux mondes se mêlent, celui du bruit et celui du silence. Le développement psychologique de l'enfant sourd se fera plus vite et bien mieux. Il se construira débarrassé de cette solitude angoissante d'être seul au monde, sans pensée construite et sans avenir.

Emmanuelle Laborit,
Le Cri de la mouette, chapitre VII.

Nuisances sonores

On estime à 12 000 le nombre de jeunes sourds en France de 3 à 20 ans. 92 % sont nés de parents entendants et 8 % de parents sourds. La surdité profonde peut être de naissance ou causée ultérieurement par des troubles médicaux ou autres.

Notre environnement quotidien est souvent très bruyant. Nous sommes tous exposés à des nuisances sonores qui peuvent entraîner l'affaiblissement de l'audition, voire des lésions auditives irréparables. La prévention s'avère donc ici aussi nécessaire. Et elle consiste à informer sur cette pollution sonore et sur ses causes, afin d'en prévenir au maximum ceux qui pourraient être amenés à la subir. Les établissements scolaires (cours de récréation, cantines), où se concentre une population jeune, exubérante et bruyante, sont des lieux où l'intensité sonore franchit parfois le seuil de l'acceptable pour gagner le seuil douloureux. On connaît l'intensité des décibels dans les discothèques. L'usage généralisé et souvent en continu des baladeurs, aujourd'hui MP3 ou iPod, n'est pas sans incidence sur l'audition. La presse a souvent attiré l'attention sur la part de responsabilité de ces outils dans l'émergence de difficultés auditives chez les adolescents et les adultes, phénomène qui ne touchait précédemment que les personnes âgées.

Si le son, qui est communément défini comme la sensation auditive due à une vibration acoustique, est tolérable, voire agréable, le bruit, quant à lui, occasionne des nuisances dont le spectre va de la gêne passagère à l'agression pour l'oreille et finalement à la perte auditive totale. Celle-ci intervient au bout d'une exposition de huit heures à 80 dB.

L'évaluation du niveau sonore des bruits qui nous entourent et de la façon dont ils interfèrent dans notre environnement a donné lieu à de nombreuses études réalisées par les experts scientifiques. Ces derniers s'accordent à dire que l'échelle des bruits s'étend de 0 dB (seuil d'audibilité) à 130 (seuil de la douleur). La plupart des sons de la vie courante sont compris entre 30 et 90 dB. Les discothèques, salles de concerts... présentent un niveau sonore atteignant 105 dB. Les passages d'avions, le décollage des fusées, dépassent les 130 dB.

Afin de mieux connaître les pathologies auditives, il n'est pas inutile de s'informer des travaux des scientifiques.

Aspects scientifiques

L'audiométrie est l'étude de la mesure de l'audition. Elle intervient dès que les parents d'un très jeune enfant pressentent ses difficultés à percevoir les sons ou les bruits de son environnement immédiat. Et ceci peut être retardé par le fait que, très jeune, le bébé sourd est sensible aux vibrations d'une fenêtre qui se referme rapidement, d'une porte qui claque. Puis les parents se rendent compte que l'enfant ne se tourne pas vers une source sonore, ne réagit pas à leurs appels. Un dépistage est alors mis en place, et un bilan auditif est réalisé par un ORL pédiatrique (oto-rhino-laryngologiste) qui pose le diagnostic : perte légère (de 20 à 40 dB), moyenne (de 40 à 70 dB), sévère (de 70 à 90 dB) ou profonde (au-dessus de 90 dB).

L'approche scientifique et médicale précède toute forme de décision parentale quant au mode de communication à mettre en place.

Pour les aspects scientifiques, on se reportera ici utilement à quelques sites, dont notamment le site d'ACFOS (Action, connaissance, formation pour la surdité) : http:// www.acfos.com, http://www.surdite.net et http ://www.cis.gouv.fr.

Les courbes audiométriques, l'anatomie de l'oreille et la présentation de l'oreille externe, de l'oreille moyenne et de l'oreille interne, la typologie des

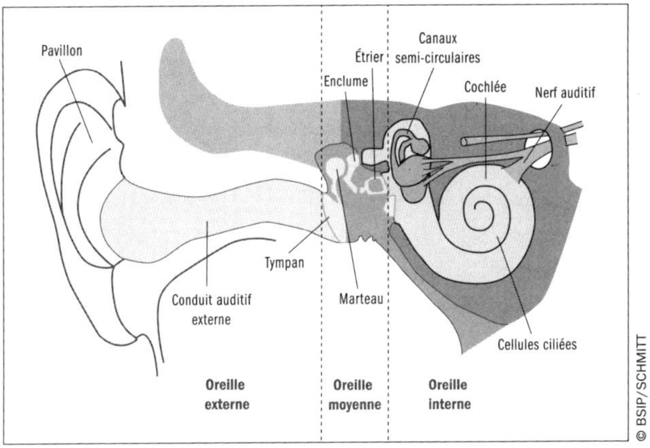

Schéma de l'oreille.

surdités (surdité de transmission et surdité de perception), les différents degrés de surdité, y sont présentés.

Ces éléments scientifiques sont corrélés à une analyse de la compréhension des sons par l'auditeur, à ses confusions phonétiques et aux retards du langage qui peuvent en découler. Si expression langagière il y a.

Lorsque l'enfant, un peu plus grand, conserve des restes auditifs (surtout si sa perte d'audition est intervenue quelques années après sa naissance), alors un travail avec des orthophonistes peut être envisagé. Un implant cochléaire[1] peut être proposé. Le traitement médical de l'état pathologique intervient en amont, avant que la famille ne fasse le choix du mode de communication et de scolarisation pour son enfant.

Ces caractéristiques scientifiques de la surdité ne peuvent pas rendre compte à elles seules de la réalité de la communication d'une personne malentendante ou sourde. Elles doivent être complétées par d'autres données liées à son vécu personnel. Et l'école, qui a pour mission la scolarisation de tous les élèves, doit développer des stratégies adaptées à ces élèves aux besoins particuliers.

1. Pour plus de renseignements, se reporter au site www.surdite.net.

Alphabet dactylologique.
Source : Jérôme Clamaron.1873. Paris. Institution nationale des sourds-muets.

CHAPITRE III

La prise en charge de la surdité

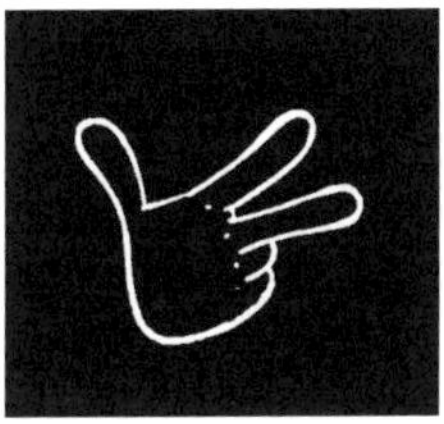

C'est une nouvelle naissance, la vie qui commence. Un premier mur qui tombe. J'en ai encore d'autres autour de moi, mais la première brèche de ma prison est ouverte, je vais comprendre le monde avec les yeux et les mains. Je le devine déjà. Et je suis si impatiente !

Emmanuelle LABORIT,
Le Cri de la mouette, chapitre XV.

Répercussions de la surdité sur l'enfant sourd ou malentendant[1]

Il faut, avant toute chose et pour chaque enfant déficient auditif, observer l'impact de sa déficience sur ses capacités d'apprentissage. Les répercussions de la surdité sont multiples. Elles peuvent éventuellement perturber :
– la fonction auditive (perception de la parole – bruits faibles/intenses – et distinction des différentes fréquences des sons complexes et des bruits peu espacés dans le temps) ;
– le développement du langage (confusion entre les sons, mémorisation et symbolisation difficiles pouvant entraîner absence, retard du langage, confusion entre les sons, décalage entre niveaux d'expression et de compréhension, voix particulière en tonalité) ;
– la fonction d'alerte et d'orientation (l'enfant sourd peut être souvent distrait, moins sensible au monde environnant) ;
– la structuration temporelle et spatiale (pas ou peu d'informations temporelles – sensation de durée et de hauteur de son –, pas de notion de distance – absence d'écho –, motricité fine pas toujours évidente...) ;

1. Pour plus d'informations, consulter le site www.benoitvirole.com

– le développement intellectuel et social (évolution normale possible mais, selon le cas de surdité : difficultés de mémorisation, d'abstraction, d'imagination, troubles du comportement).

Néanmoins, ces répercussions diffèrent d'une personne à l'autre selon la prise en compte d'un ensemble de variables comme les facteurs audiologiques (acuité de l'audition...), cliniques généraux (histoire hospitalière, précocité de la prise en charge...), génétiques (prédisposition à la phonologie, à la lecture labiale...), familiaux, sociaux et culturels (acceptation de la surdité, de ses conséquences, investissement parental...), les modalités linguistiques (choix des parents et de l'enfant quant au mode de communication), les qualités personnelles (degré d'autonomie, capacité à résister à des efforts constants, à la fatigue...). Ces données sont indispensables à l'élaboration d'une solution adaptée à la personne en fonction de ses besoins spécifiques.

Modalités de l'orientation en amont et tout au long de la scolarisation

La diversité de degrés de surdité et des adaptations personnelles est prise en compte dans l'évaluation des compétences et dans le cadre des mesures mises en œuvre dans le parcours de formation[2] de l'enfant. L'évaluation est réalisée par l'équipe pluridisciplinaire[3]. Les parents ou le représentant légal de l'enfant sont obligatoirement conviés à s'exprimer à cette occasion.

La maison départementale des personnes handicapées (MDPH) délivre une information au jeune sourd ou à ses représentants légaux sur les modes de communication possibles.

Par ailleurs, la loi d'orientation et de programme pour l'avenir de l'école du 23 avril 2005, en instituant le socle commun de connaissances et de compétences, marque un tournant dans les prescriptions institutionnelles relatives à la question de l'évaluation des acquis des élèves. La définition du socle commun s'accompagne de l'obligation de mise en œuvre d'un « livret personnel de l'élève » destiné à « suivre l'acquisition progressive de compétences ».

---

2. Un site présente l'organisation des différentes instances nécessaires à l'élaboration et au suivi du parcours de formation : http://www.ac-orleans-tours.fr

3. Composée de professionnels impliqué dans le handicap, elle évalue les besoins de la personne handicapée, élabore un plan de compensation.

Voici les possibles enjeux du livret de compétences[4] :
- permettre un suivi individualisé de la formation des élèves ;
- reconnaître les acquis des élèves en termes de compétences susceptibles d'être mobilisées dans des situations scolaires, sociales ou professionnelles ;
- identifier avec plus de précision les difficultés d'apprentissage éprouvées par l'élève pour mieux y remédier ;
- contribuer à l'ajustement des progressions et des démarches pédagogiques de chaque enseignant et de l'équipe responsable d'élèves en difficulté ;
- favoriser la transaction entre, d'une part, les aspirations et les besoins du jeune et, d'autre part, les possibilités et les contraintes de son environnement de formation et d'emploi dans une démarche de projet ;
- aider chaque élève à construire son orientation au collège par une prise de conscience réitérée des acquis maîtrisés et des compétences encore à construire ;
- faciliter le passage des élèves d'un dispositif à l'autre par l'usage d'un document commun dont les références sont susceptibles d'être partagées par tous les acteurs de la formation et dont la gestion est assurée par l'institution scolaire.

Les formes de scolarisation

Le parcours de formation fait l'objet d'un projet personnalisé de scolarisation (PPS). Ce dernier, élaboré par l'équipe pluridisciplinaire à partir des éléments d'observation de l'équipe de suivi de scolarisation (ESS)[5], est un des éléments du plan de compensation visant à définir les modalités de déroulement de la scolarité et les actions pédagogiques, psychologiques, éducatives, médicales, sociales et paramédicales.

Il favorise, autant qu'il est possible, la formation en milieu ordinaire, ou alors il oriente vers d'autres formes de scolarisation comme les CLIS et UPI. Les CLIS et UPI sont des classes à part entière de l'école dans laquelle elles sont implantées.

En effet, certains élèves ne peuvent réussir leur scolarité du fait des contraintes liées à leur état de santé ou à leur déficience, lesquelles peuvent

---

4. Le livret personnel de l'élève : *B.O.* n° 22 du 07/06/07, http://www.education.gouv.fr/. Les grilles de références : http://eduscol.education.gouv.fr/. Les certifications du livret personnel : http://www.education.gouv.fr/bo/2007/22/.

5. Ensemble des personnes participant à la mise en œuvre du PPS. Elle observe les besoins et les compétences de l'élève handicapé en situation scolaire, assure le suivi des décisions de la CDAPH, assure le suivi du PPS, propose des révisions d'orientation à la CDAPH.

générer une fatigabilité, une lenteur ou des difficultés d'apprentissage qui ne peuvent être objectivement prises en compte dans le cadre d'une classe ordinaire. Des modalités de scolarisation plus souples, plus diversifiées sur le plan pédagogique leur sont offertes par ces dispositifs collectifs d'inclusion. Il en résulte :
- une fréquentation de leur classe de référence à la mesure de leurs possibilités ;
- une organisation de temps de regroupement durant lesquels des enseignements leur sont dispensés, en fonction de leurs besoins ;
- l'occasion de permettre à ces élèves de nouer de véritables relations avec leurs pairs, condition d'une véritable solidarité qui ne peut être que bénéfique à tous les élèves.

Les enseignants exerçant auprès de ces élèves sont les professeurs affectés dans l'établissement scolaire. Les enseignants spécialisés du premier degré (titulaires du CAPA-SH) et ceux du second degré (titulaires du 2CA-SH) contribuent au soutien pédagogique et à la scolarisation des élèves, et permettent de répondre à certaines questions que se posent les professeurs de collège.

Les voies possibles de communication

Informée du choix du mode de communication, l'équipe pluridisciplinaire élabore le projet personnalisé de scolarisation inclus dans le plan personnalisé de compensation en respectant ce choix.

Le mode de communication adopté par le jeune sourd est inscrit dans le projet de vie. Il peut être confirmé, précisé ou modifié et s'impose à la commission des droits et de l'autonomie des personnes handicapées (CDAPH)[6].

Deux modalités de communication existent pour les déficients auditifs : la communication par le langage parlé complété (LPC) ou la communication par la langue des signes dans le cadre du bilinguisme défini par la loi.

Elles sont prévues dans les articles de la loi du 11 février 2005 (art. L. 112-2-2.) : « Dans l'éducation et le parcours scolaire des jeunes sourds, la liberté de choix entre une communication bilingue, langue des signes et langue française, et une communication en langue française est de droit. Un décret en Conseil d'État fixe, d'une part, les conditions d'exercice de ce choix pour les jeunes

6. La CDAPH prend les décisions relatives à l'ensemble des droits de la personne handicapée (plan de compensation).

sourds et leurs familles, d'autre part, les dispositions à prendre par les établissements et services où est assurée l'éducation des jeunes sourds pour garantir l'application de ce choix. »

La communication par le langage parlé complété (LPC)

Un enfant sourd, quel que soit son appareillage, ne perçoit pas correctement les sons. Il s'aide en lisant sur les lèvres de la personne qui lui parle. Le LPC est un code.

L'enfant sourd reçoit la langue française orale par la vue. Chaque syllabe se code : cinq positions de la main près du visage codent les voyelles, huit configurations des doigts codent les consonnes.

La correction du handicap auditif se fait soit par un appareillage (prothèse amplifiant les sons), soit par un implant cochléaire (transformant le son en signaux électriques). Ceci est associé à la lecture labiale. On estime que 30 % du message est lu sur les lèvres. Autrement dit, seul un tiers de l'information est capté, le reste l'étant par un travail de suppléance mentale et par les apports du langage parlé complété et des cours d'orthophonie pour apprendre à éduquer l'audition et la parole.

L'apprentissage du LPC est relativement rapide, mais seule la pratique quotidienne permet d'acquérir compétences et fluidités de la perception. La présence d'un codeur est nécessaire auprès de l'élève. Ce dernier, en grandissant, arrive généralement à un bon niveau de lecture labiale et à un degré correct d'autonomie[7].

La communication par la langue des signes française (LSF)

C'est une langue à part entière. La personne sourde n'est pas déficiente mais différente. La communication est visuo-gestuelle à partir de la langue des signes, pour les situations de communication en face-à-face et par le français écrit.

7. Renseignements sur le site de l'Association nationale pour la promotion et le développement du langage parlé complété : http:// www.alc.asso.fr.

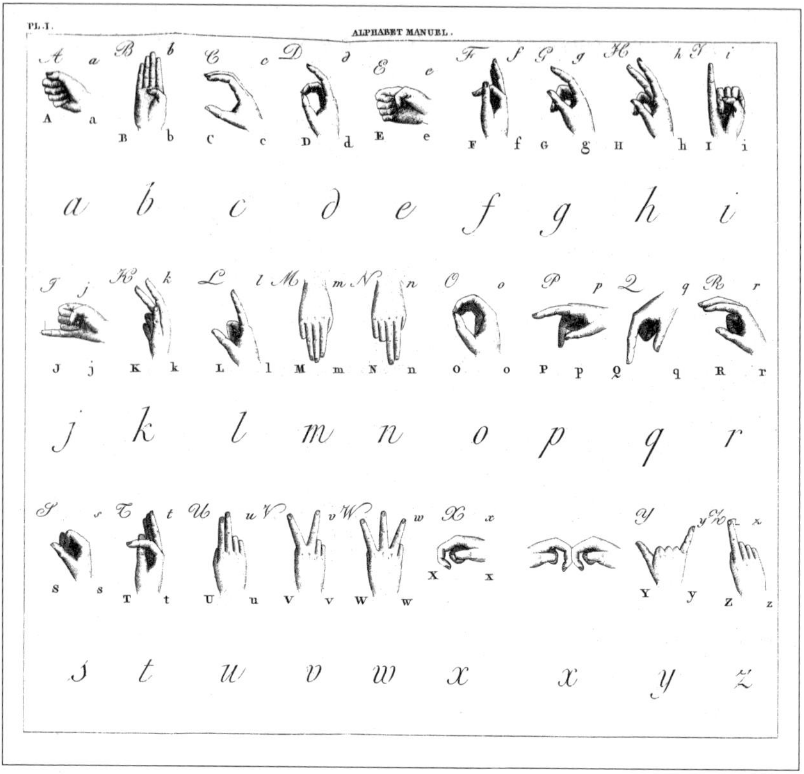

Alphabet manuel. XIXe siècle.
BÉBIAN Roch Ambroise Auguste : *Manuel de l'enseignement pratique des sourds-muets.*
Tome I. Modèle d'exercices. Édition Paris Méquignon, 1827.
Source : Bibliothèque interuniversitaire de médecine.

CHAPITRE IV

La communication pour les sourds et les malentendants par la langue des signes

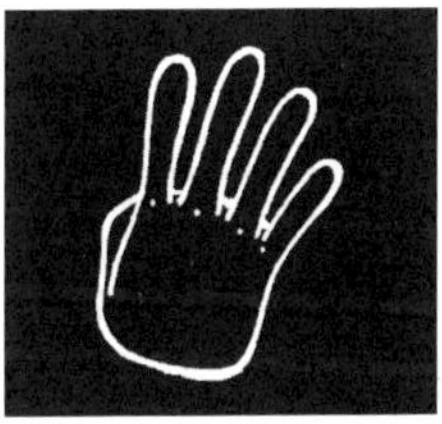

Devant moi, il y a cet homme merveilleux qui m'apprend le monde. Les noms des gens et des choses ; il y a un signe pour Bill, un pour Alfredo, un pour Jacques, mon père, pour ma mère, pour ma sœur, pour la maison, la table, le chat... Je vais vivre ! Et j'ai tant de questions à poser. Tant et tant. Je suis avide, assoiffée de réponses, puisqu'on peut me répondre !

Emmanuelle LABORIT,
Le Cri de la mouette, chapitre XV.

Le bilinguisme et la LSF

La loi du 11 février 2005 définit la possibilité pour les familles d'opter pour le bilinguisme dans la scolarisation de leurs enfants (art. L. 312-9-1.) : « La langue des signes française est reconnue comme une langue à part entière. Tout élève concerné doit pouvoir recevoir un enseignement de la langue des signes française. Le Conseil supérieur de l'éducation veille à favoriser son enseignement. Il est tenu régulièrement informé des conditions de son évaluation. Elle peut être choisie comme épreuve optionnelle aux examens et concours, y compris ceux de la formation professionnelle. Sa diffusion dans l'administration est facilitée. »

Les différents travaux engagés lors de l'année 2006-2007 s'appuient sur une définition du bilinguisme adoptée par le groupe d'experts désigné par la direction générale de l'enseignement scolaire (DGESCO) et comprenant des linguistes, pédagogues, enseignants de LSF sourds et entendants.

Il a longuement débattu de la façon dont il fallait entendre « la communication bilingue, langue des signes et langue française » dans « l'éducation et le parcours scolaire » pour les jeunes sourds qui feraient ce choix.

Au terme de cette discussion, l'unanimité s'est faite pour considérer que, compte tenu d'une prise en charge par l'Éducation nationale dès la maternelle, le bilinguisme en question devait être compris comme une perspective dynamique s'inscrivant dans les potentialités individuelles de chaque enfant.

À partir de l'apprentissage et/ou de la consolidation de sa connaissance de la langue des signes française, selon les cas, l'institution scolaire s'efforcera de construire avec lui un accès graduel au français en prenant pour socle le français écrit, dont la maîtrise, à la fin des études secondaires, est le minimum indispensable pour attester du succès du bilinguisme choisi – et la responsabilité propre de l'Éducation nationale pour tous les jeunes sourds.

Dans la vie du jeune sourd, la pratique de la langue des signes française tient lieu de moyen de communication orale, et la langue française écrite tient lieu de langue écrite, moyen capital de la communication par écran (mobiles, Internet...). Sa place ne cesse de croître dans la vie sociale et s'avère plus que jamais être le moyen par excellence de communication entre les sourds et la majorité des entendants.

Dans le cadre du bilinguisme, l'accès à la forme orale du français, nécessairement variable selon un nombre de paramètres propres à chaque enfant et à son milieu, apparaît comme un complément très important mais qui ne saurait être construit au détriment de l'accès à la forme écrite. Dans l'ensemble du parcours scolaire, les jeunes sourds ayant fait le choix de la communication bilingue ne seront pas évalués sur leurs compétences en français oral.

Les signes et leur histoire [1]

Les principaux obstacles qu'ont toujours dû affronter les sourds sont leur petit nombre et leur dispersion dans le monde des entendants. Pendant des siècles, dans les communautés rurales, il ne pouvait guère y avoir, au mieux, que quelques sourds. Au cours de leur vie, ils créaient des signes pour communiquer entre eux et avec leur entourage entendant. Mais s'ils décédaient avant que d'autres sourds soient nés dans la même localité, ce qu'ils avaient construit dis-

1. Début de l'article d'Yves Delaporte.

paraissait sans qu'ils aient pu le transmettre. Sans doute en allait-il différemment dans les grandes concentrations urbaines, où le renouvellement des générations devait assurer dans une certaine mesure la continuité de la langue. C'est la situation que décrit Pierre Desloges, sourd-muet vivant à Paris au XVIIIe siècle, dans un opuscule fameux. La pratique de la langue des signes restait cependant circonscrite au cadre de rencontres ponctuelles entre ses locuteurs [2].

Avec l'entreprise pédagogique de l'abbé de L'Épée, tout change. À partir de 1760, des enfants sourds sont réunis au domicile de l'abbé, initiative qui débouchera sur la création de l'institution parisienne de la rue Saint-Jacques en 1794. Dans la seconde moitié du siècle suivant, une trentaine d'institutions fonctionnant en internats seront fondées sur le même modèle dans toute la France. Pour la première fois dans l'histoire de l'humanité, apparaissent des lieux où la langue des signes est pratiquée en permanence.

Cette langue puise ses racines dans des millénaires de gestualité signifiante, au cours desquels les sourds ont inventé une autre manière de parler du monde ; mais c'est à Saint-Jacques, à la fin du XVIIIe siècle, que se cristallise une langue véritablement collective, celle qui se répandra ultérieurement dans toute la France.

La question étymologique en langue des signes

La question de la genèse et de l'évolution des unités lexicales de la langue des signes est une question entièrement neuve. À tel point que l'on peut se demander s'il n'y a pas là quelque tabou plus ou moins inconscient. En France, c'était peut-être le prix à payer pour le travail effectué par Christian Cuxac, qui, prenant le contre-pied du point de vue dominant aussi bien en Amérique qu'en Europe, a fait émerger l'idée que l'iconicité (et plus généralement la motivation sémiotique) est le fait central autour duquel s'organise cette langue. Or l'iconicité est antinomique avec la notion même d'étymologie, c'est-à-dire de la mise au jour d'une forme ancienne susceptible d'expliquer une forme actuelle. Lorsque des signes sont aussi iconiques que TABLE, GRAND ou DRAPEAU, leur immédiate et évidente proximité avec les objets qu'ils nomment dispense de toute étymologie.

2. Ce texte est une version remaniée de l'introduction du *Dictionnaire étymologique et historique de la langue des signes française*, éditions du Fox, 2007. Les signes sont cités sous la forme de leur traduction française la plus usuelle, en petites capitales.

Pourtant, tout locuteur de cette langue sait pertinemment que cela ne concerne qu'une partie du lexique : dans des centaines de signes, la relation entre forme et sens est obscure. Il y avait là une énigme que seul le recours à l'histoire a permis de résoudre : si beaucoup de signes semblent aujourd'hui échapper à l'iconicité, ce n'est pas qu'ils contreviendraient à ce principe fondamental ; c'est simplement que les signes, comme les mots, évoluent au fil des générations, quand ce ne sont pas les objets du monde qu'ils désignent qui se modifient.

Au plan de la forme, des configurations (formes de la main) et des mouvements asymétriques deviennent symétriques ; des mouvements se raccourcissent, d'autres changent d'orientation ; les torsions du poignet disparaissent ; des signes composés perdent un de leurs composants, d'autres fusionnent en un signe unique. Une trentaine de tendances évolutives, presque toutes fondées sur un principe général d'économie gestuelle, concourent ainsi à obscurcir peu à peu la motivation initiale des signes.

Il en va de même au plan du sens. Ce que l'on a coutume d'appeler le « sens » d'un mot ou d'un signe n'est rien d'autre que la somme de ses emplois au cours d'un nombre immense d'interactions sociales. Ces emplois varient-ils ou apparaissent-ils dans un contexte ambigu que le sens se modifiera au fil des générations. Le mot *saoul* signifiait autrefois « rassasié » : il a fini par prendre le sens de « ivre » à force de désigner comme saouls des gens qui étaient « saouls de boisson ». De la même façon, le signe PLIER a pris le sens de « ranger » (fig. 1) : il n'est pas difficile d'imaginer des enfants à qui leur maman demandait d'aider à plier des draps aussitôt rangés dans une armoire, et qui ont attribué le sens de « ranger » à ce qui n'était que « plier ». Même chose pour le signe CAVE (fig. 2), qui désignait initialement des sirènes d'alarme. Pendant la Seconde Guerre mondiale, à Saint-Jacques, les surveillants utilisaient ce signe pour avertir d'une alerte aérienne. Les élèves savaient qu'il fallait aussitôt se réfugier dans les caves, si bien que le signe a fini par prendre le sens de « cave ». Le signe SYMBOLE était utilisé au sens de « principaux articles de la foi », celui qu'il a dans la religion chrétienne : la main faisait mine de saisir un texte qu'elle inscrivait dans le Livre. Avec la laïcisation de l'éducation des enfants sourds, le sens du signe s'est étendu aux emplois profanes du mot *symbole*.

Tout cela explique pourquoi, dans une langue iconique, beaucoup de signes semblent contrevenir à l'iconicité : il serait vain de chercher la moindre ressemblance entre l'acte de ranger et le signe RANGER, entre une cave et le signe CAVE, entre les sens usuels du mot *symbole* et le signe SYMBOLE, puisque la motivation de tous ces signes repose sur leurs sens anciens, non sur leurs sens actuels.

Une autre raison de l'amenuisement du lien entre forme et sens – celle-là extérieure à la langue – est la disparition des objets ou des coutumes qu'évoquaient les signes lors de leur création : la bride des coiffures féminines pour FEMME, le geste du cocher qui manie les rênes pour DIRIGER ou les retient pour FAIRE ATTENTION, le bureau à tambour pour ADMINISTRATION, la cravate empesée pour BOURGEOIS, le jabot pour MONSIEUR, la signature en croix des illettrés pour NOM, les rideaux des salles de théâtre où se faisaient les premières projections cinématographiques pour CINÉMA (fig. 3), les bielles de la locomotive à vapeur pour COLONIE, le paiement trimestriel du loyer pour APPARTEMENT, le geste de tirer le ligneul pour CORDONNIER, les horloges à timbre et marteau pour HEURE, le lavage de chiffons pour PAPIER, le geste d'agiter une marchandise sous le nez des chalands pour VENDRE...

© Yves Delaporte

Fig. 1. RANGER.

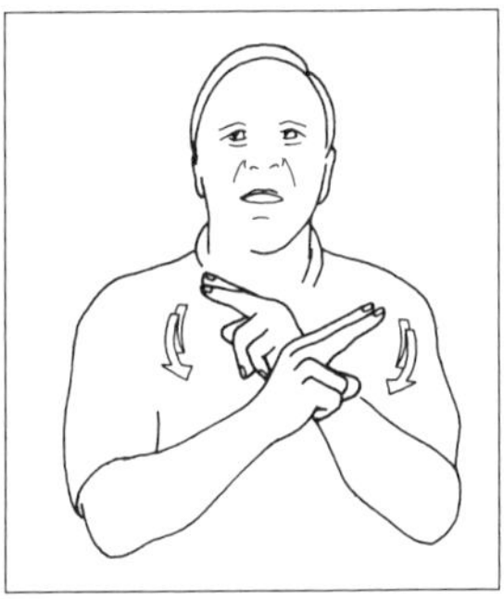

© Yves Delaporte

Fig. 2. CAVE.

© International Visual Theatre

Fig. 3 (b). CINÉMA (aujourd'hui).

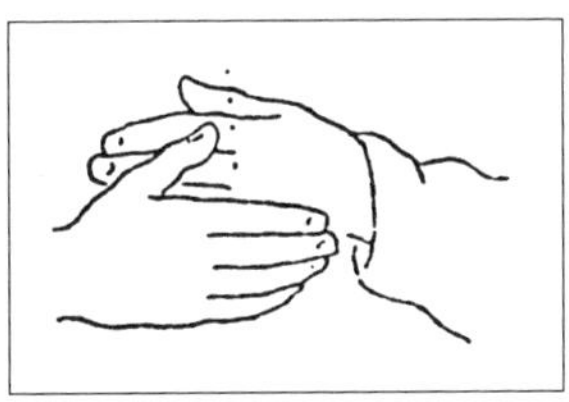

Fig. 3 (a). THÉÂTRE.
Dessiné par l'abbé Lambert, 1865.

Les sources historiques

L'étymologie met en relation des mots ou des signes d'aujourd'hui avec des mots ou des signes d'autrefois : elle est donc entièrement tributaire des sources. Dans le cas de la langue des signes française, celles-ci relèvent de trois catégories.

La première est représentée par les descriptions ou dessins de signes des XVIIIe et XIXe siècles : ceux de l'abbé Ferrand (vers 1785), du baron Degérando (1827), d'Alexandre Blanchet (1850), de Joséphine Brouland (1855), de Pierre Pélissier (1856) – seul sourd-muet de cette liste – et enfin de l'abbé Lambert (1865) ont fourni le socle sur lequel j'ai bâti mon entreprise de déchiffrage des signes actuels. Tous ces auteurs, sauf le premier, ont décrit des signes de l'institut Saint-Jacques. Degérando y présidait le conseil d'administration, Blanchet y était chirurgien, Brouland et Pélissier enseignants, Lambert aumônier. La minutie et la concordance des descriptions les rendent particulièrement dignes de foi : aucune n'a pu être prise en défaut. Le manuscrit de l'abbé Ferrand, contemporain de l'abbé de L'Épée, n'a été publié qu'en 1896, ce qui garantit que les similitudes avec les descriptions du XIXe siècle ne doivent rien à d'éventuelles influences. On n'accordera pas le même crédit à la fantasmagorique *Théorie des signes* (1808) de l'abbé Sicard, directeur de Saint-Jacques, qui a rêvé une langue qu'il ne connaissait pas. Toutefois, lorsque de-ci de-là cet auteur abandonne ses extravagants amphigouris pour livrer des descriptions concrètes mentionnant la forme et le mouvement des mains, la coïncidence avec les descriptions ultérieures atteste leur validité.

Deux récentes éditions, dues à Françoise Bonnal-Vergès, viennent enrichir ces sources : un *Catéchisme des sourds-muets*, de l'abbé Laveau (1868), et une *Iconographie des signes*, dictionnaire réalisé par les frères de Saint-Gabriel (1854). À cela, il faut ajouter les sources manuscrites non encore publiées : c'est le cas d'un dictionnaire de signes réalisé à Caen à partir de 1830 par l'abbé Jamet et ses successeurs, travail de longue haleine dont trois versions différentes me sont connues.

Avec le dictionnaire de l'abbé Lambert s'arrête l'intérêt que la société et le milieu de l'enseignement spécialisé portent à la langue des signes, et dont témoignent les travaux que l'on vient de citer. En 1880, un congrès d'éducateurs entendants réuni à Milan décrète son interdiction dans les institutions pour enfants sourds-muets. C'est la fin d'une époque. Des signes qui se créent et de ceux qui se modifient à partir de cette date, nous ne savons à peu près rien. Pour l'étymologiste, les cent dix années qui séparent le recueil de l'abbé Lambert de celui d'Oléron (1974) constituent un trou noir.

Les signes régionaux

La deuxième source est représentée par les signes pratiqués loin de la capitale. La province, conservatrice dans tous les domaines de la culture, maintient des signes souvent moins évolués – et donc plus près de l'iconicité initiale – que les signes parisiens. L'étymologie de l'obscur signe parisien PROFITER, main en pince jetée sur le menton, se révèle lorsqu'on voit en province la main se dirigeant plus bas, vers une poche de veste imaginaire. Malheureusement, la connaissance que nous avons des signes de province est maigre : n'ont été recueillis par de courageux pionniers, au début des années 1980, qu'un nombre restreint de signes pratiqués dans les seules institutions de Poitiers, Le Puy, Chambéry et Saint-Laurent-en-Royans.

Ces signes régionaux sont beaucoup moins souvent qu'on ne l'entend dire des inventions locales. Très souvent, ils s'inscrivent dans des réseaux de formes et de sens conduisant à un étymon commun. C'est parce que les liens étymologiques ont été rompus dans la conscience des locuteurs que l'on a cru y voir des artefacts de peu d'intérêt. Un exemple suffira. J'ai émis l'hypothèse que cinq signes parisiens ayant en commun de mobiliser les deux index – CHOSE, GENS, ÇA DÉPEND, BIZARRE et CADEAU – étaient issus du même étymon, un geste de pointage désignant la diversité des choses et des gens (fig. 4). Ce qui n'était qu'hypothèse est devenu certitude lorsque j'ai découvert que le signe ayant à Paris le sens de « ça dépend » y avait été utilisé auparavant avec le sens de « bizarre », tandis qu'il avait à Nancy celui de « cadeau », au Puy celui de « chose » et à Bourg-la-Reine celui de « gens ». (Pour ce qui est

Fig. 4. Étymon reconstruit de CHOSES, GENS, ÇA DÉPEND, BIZARRE, CADEAU.

des dérivations sémantiques ayant abouti aux sens « bizarre » et « cadeau », je renvoie le lecteur à mon dictionnaire étymologique.) On peut affirmer que, dans la grande variabilité des signes qui se pratiquent en France, rien n'est dû au hasard, tout relève de l'explication rationnelle, et qu'il n'est peut-être aucun signe qui ne puisse être rattaché à des structures formelles ou sémantiques plus vastes.

Les signes étrangers

La troisième source est représentée par les signes pratiqués ailleurs qu'en France. Au XVIIIe siècle et dans les premières décennies du XIXe, Paris était le centre du monde sourd. Pour toutes les personnes souhaitant fonder une institution pour enfants sourds-muets, les leçons de l'abbé de L'Épée ou un séjour à Saint-Jacques constituaient un passage obligé. C'étaient les signes parisiens qu'elles rapportaient dans leurs pays respectifs. La preuve indiscutable s'en trouve dans le fait que nombre de signes étrangers gardent la trace de l'initialisation de signes français. Le cas le plus intéressant est celui de la langue des signes américaine. Introduit sur le Nouveau Continent à partir de 1817 par le sourd-muet Laurent Clerc, le dialecte parisien a été la première langue pratiquée par les enfants sourds d'Amérique. Encore aujourd'hui, un très grand nombre de signes d'origine française se reconnaissent dans la langue des signes américaine, ce qui est précieux pour la recherche historique. D'une part, cela autorise à dater comme antérieur à 1817 l'usage de ces signes à Paris même ; d'autre part, lorsque certains d'entre eux ont évolué moins vite en Amérique qu'en France, demeurant donc plus près de l'iconicité qui a présidé à leur genèse, ils permettent de dégager les étymologies de signes français. Par exemple de voir dans le signe CHAMPION, main droite plate s'abattant sur le poing gauche, la représentation d'une couronne posée sur la tête d'un champion.

L'observation sur le terrain

Pour combler les lacunes des connaissances sur ce qui se pratique hors de Paris, l'enquêteur, retrouvant la tradition ancienne des dialectologues, doit prendre son bâton de pèlerin. Ce travail long et ingrat trouve sa récompense lorsque, des mains d'anciens élèves de modestes écoles de province, surgissent des signes tissant des liens insoupçonnés à travers le temps et l'espace : par exemple, lorsque le signe américain FATHER (« père »), stylisation des anciennes coiffures masculines ornées de plumes, se rencontre avec le sens de « monsieur » chez les anciennes du quartier des filles de Chambéry, fermé en 1961.

Mais l'enquête de terrain ne consiste pas seulement à découvrir un nombre considérable de signes qui n'avaient jamais été relevés, elle permet aussi de saisir sur le vif l'évolution de la langue et d'en repérer les orientations. Ainsi cette conversation à trois à laquelle j'assistai un jour, et dans laquelle le signe MALHEUR revenait souvent. Les trois locuteurs étaient d'origines géographiques et d'âges différents, et chacun d'eux faisait ce signe à sa manière. Ces trois variantes correspondaient à trois étapes évolutives du signe : un geste pratiqué dans le monde entendant et consistant à faire claquer la paume d'une main dans celle de l'autre pour exprimer du dépit (fig. 5) ; sa forme symétrisée attestée chez Blanchet en 1850 ; et enfin, sa forme la plus récente, dans laquelle la configuration en faisceau s'est substituée à la main plate. L'observateur avait ici une photographie instantanée d'une longue évolution historique. Voilà un exemple de ce qu'aucun travail mené en laboratoire de linguistique n'enregistrera jamais.

L'observation des signes en situation, c'est-à-dire dans le cadre de conversations spontanées entre sourds, permet aussi d'affiner considérablement l'aire sémantique de nombreux signes ; et par conséquent de faire apparaître des liens de parenté souvent gommés par les mises en correspondance sommaires, un signe traduit par un mot, de la totalité des répertoires lexicaux contemporains. C'est ici le lieu d'insister sur un point essentiel : la recherche lexicologique implique que l'on se débarrasse de toute idée normative de la langue. Un emploi spontané, non recensé dans les répertoires existants, non enseigné dans les cours de langue à l'usage des entendants, peut révéler des liens sémantiques d'une grande

Fig. 5. Étymon de MALHEUR.

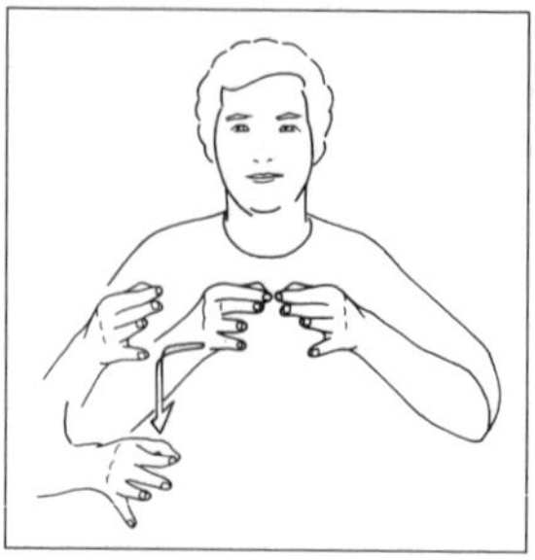

© Yves Delaporte

Fig. 6. BILAN.

© Yves Delaporte

Fig. 7. ENTENDANT.

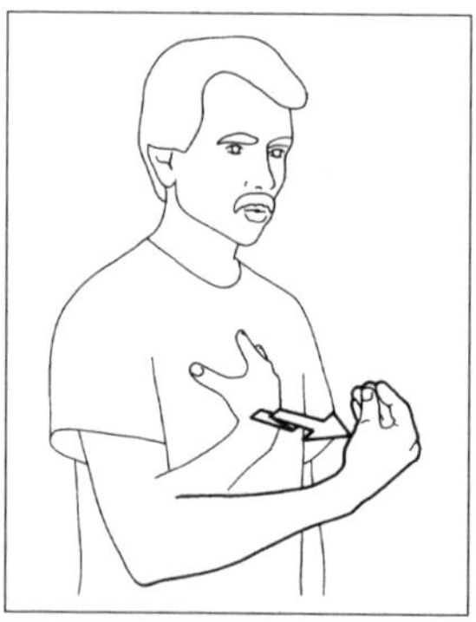

© International Visual Theatre

Fig. 8. FRANÇAIS.

pertinence. J'ai vu réaliser avec le sens de « fuite d'eau » le signe obscur BILAN (fig. 6), permettant de comprendre l'image qui le fonde, celle d'une chose qui sort ou que l'on extrait d'une autre. L'étymologiste doit savoir résister à la pression des personnes qui lui diront que ce signe « ne doit pas être fait comme cela », qu'il « ne peut pas avoir ce sens-là », qu'elles ne l'ont « jamais vu » avec cette forme ou ce sens. La seule chose qui importe au chercheur, c'est qu'il l'a bel et bien vu réalisé et compris au cours de conversations spontanées. Il y a longtemps que l'on sait que ce qu'une vision normative de la langue appelle « faute » est souvent révélateur de structures sous-jacentes. La langue n'évolue d'ailleurs que par les « fautes » commises par ceux qui la parlent.

La méthode étymologique

L'un des principes de base qui gouvernent toute recherche étymologique est de n'admettre aucune hypothèse sur les changements de forme qui ne soit amplement vérifiée ailleurs dans la même langue. Puisque les tendances évolutives de la langue des signes française et leur existence même étaient inconnues, il a fallu les dégager au fur et à mesure de la recherche, chaque tendance mise au jour à partir d'étymologies avérées devenant un outil pour découvrir des étymologies plus obscures.

Voici un exemple de la méthode. L'observation de terrain conduit à repérer des variations parallèles : il y a aujourd'hui deux manières de réaliser POSTE, le pouce droit partant de la bouche pour se porter sur la paume gauche ou sur le pouce gauche ; deux manières de réaliser SE SOUVENIR, le pouce droit partant du front pour se porter sur la paume gauche ou sur le pouce gauche ; deux manières de réaliser ARGENT, le pouce droit tapotant le poing gauche ou le pouce gauche. Les variantes les plus iconiques, celles où les deux mains n'ont pas la même forme, ont une tonalité archaïsante, comme le montrent l'âge ou l'origine des locuteurs : est ainsi mise en évidence une tendance évolutive qui est que, au cours du temps, la main gauche tend à prendre, au détriment de l'iconicité, la même forme que celle de la main droite. Cette tendance étant solidement démontrée, on peut y recourir chaque fois que l'on se trouve devant un signe d'étymologie obscure dont les deux mains ont la même configuration, au moyen d'une épreuve de désymétrisation : remplacer à titre d'hypothèse la forme de la main gauche par l'une des formes simples, main plate ou poing, qui sont ordinairement celles de cette main dans tout signe dissymétrique. C'est ainsi que se révèle l'étymologie du signe PIERRE lorsque, désymétrisé, il devient identique au signe DUR.

Un autre test, l'épreuve de désinitialisation, permet de repérer les lettres manuelles qui brouillent l'iconicité de l'étymon, à plus forte raison lorsque ces lettres sont identiques à des configurations spontanées. Le signe GÉOGRAPHIE apparaît alors comme le signe MONTAGNE initialisé en g : ce qui semblait être une configuration naturelle, l'index tendu, était en réalité le g manuel. De même, le signe MÈTRE montre un instrument de mesure, le compas, masqué par la forme en main plate qui est la lettre m, initiale du mot *mètre*. Quant à la fourche de ENTENDANT, elle n'est autre que la lettre p, initiale du mot *parlant*, qui tournait naguère devant la bouche pour reproduire le mouvement des lèvres de ceux que l'on nommait au XIXe siècle les « entendants-parlants », expression symétrique de « sourds-muets » (fig. 7), avant de remonter vers l'oreille dans les années 1970 pour s'adapter aux représentations dominantes de la surdité.

Un autre principe de base réside dans la nécessité de constituer des faisceaux de preuves relevant de points de vue différents. Voici, pour choisir une étymologie quelque peu surprenante, comment on a pu prouver que le signe FRANÇAIS (fig. 8) a pour étymon l'ancien signe ENFANT. Une première observation concerne la forme des signes : celle de l'actuel FRANÇAIS se reconnaît dans la description que Blanchet (1850) donne du signe FILS/FILLE : « Les doigts d'une main fléchis, les porter sur la partie médiane du ventre, simuler l'action de tirer quelque chose de cet organe. » Voilà qui est suggestif mais ne constitue pas une preuve définitive, en raison des pièges que l'homonymie ne cesse de tendre sous les pas de l'étymologiste. Incidemment, la description de Blanchet fournit l'étymologie des actuels signes ENFANT (l'étymon ayant évolué par éloignement du corps et remplacement d'un mouvement long et unique par un mouvement court et redoublé) et FILS (qui ne diffère de l'ancien ENFANT que par une initialisation en f).

Mais, si cette hypothèse est exacte, sur quelles bases sémantiques s'établit-elle ? Qu'y a-t-il de commun entre les concepts « enfant » et « français » ? La réponse se trouve chez l'abbé Ferrand (vers 1785), aux entrées NATION et NAÎTRE de son *Dictionnaire des sourds-muets* : NATION y est glosé « plusieurs fois le signe de NAÎTRE », conformément à l'étymologie du mot *nation*, du latin *nasci* (« naître »). Quant à NAÎTRE, il est glosé « sortir du sein de sa mère » par le même auteur, glose dans laquelle on reconnaît la description du signe ENFANT que donnera plus tard Blanchet.

Une troisième observation adopte un point de vue comparatiste : le candidat étymon dont Ferrand nous fournit une glose et Blanchet une description peut être observé dans l'actuelle langue des signes québécoise, où il a probablement été introduit par le sourd-muet Jacques Lejeune, professeur à l'institution de Lyon avant de diriger celle de Montréal à partir de 1856. Cela fournit une preuve définitive de l'identité de forme du signe archaïque ENFANT avec l'actuel signe FRANÇAIS (fig. 9).

Enfin, une quatrième observation, portant sur le contexte culturel et historique, permet d'achever la démonstration : la Révolution française, à laquelle des sourds-muets ont activement participé, est contemporaine de la période de cristallisation de l'actuelle langue des signes française. Le signe FRANÇAIS, exactement comme le mot *nation*, est une métaphore de la filiation entre les Français et leur pays. Ce n'est rien d'autre qu'une transposition gestuelle de l'expression qui a fait florès pendant la période révolutionnaire, et qui forme

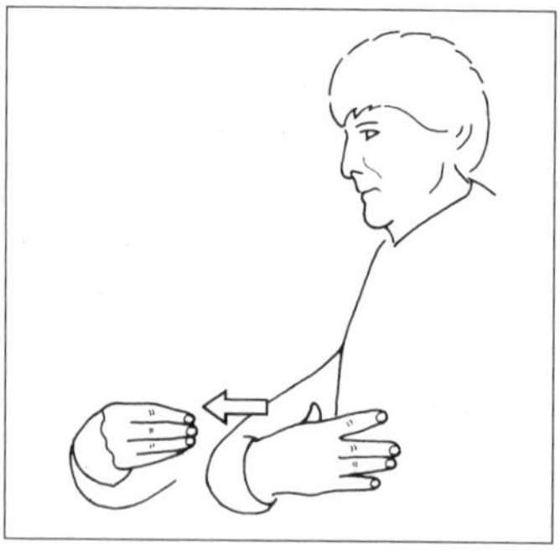

Fig. 9. ENFANT en langue des signes québécoise, d'après une photographie dans Bourcier et Roy (1985).

le couplet le plus célèbre de l'hymne national : « Allons, enfants de la patrie... »

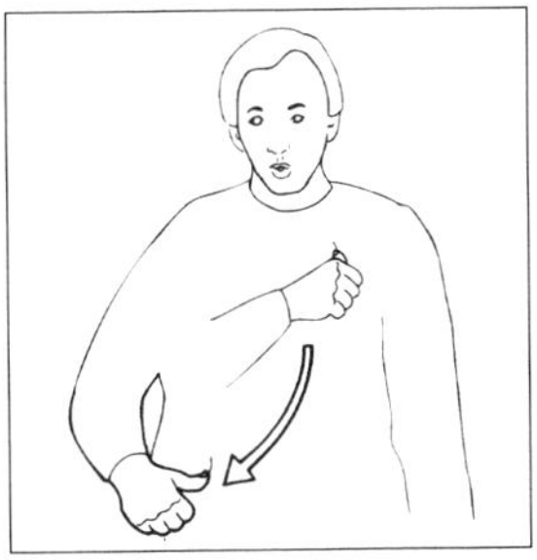

© International Visual Theatre

Fig. 10. TRÈS.

Familles étymologiques

La recherche étymologique fournit la motivation initiale des signes où elle est aujourd'hui masquée par l'évolution des formes et des sens : PRATIQUE, résultat de la condensation des signes POUVOIR et BEAUCOUP ; TRÈS (fig. 10), que l'on pourrait tout aussi bien traduire par ARCHI et qui stylise une écharpe portée en bandoulière, symbole de supériorité ; CAMPAGNE, qui représente la coupe d'une gerbe de blé avec une faucille ; le signe parisien FÊTE (fig. 11), qui reproduit le jeu de massacre des kermesses scolaires (la fourche étant la lettre manuelle k, initiale du mot *kermesse*) ; PARDON, qui montre l'effacement d'une faute ; RESPONSABLE, qui trouve son origine dans le geste de jeter une charge sur l'épaule ; SEMAINE, qui utilisait l'avant-bras pour exprimer une durée avant de se réduire à un simple retournement du poignet ; TECHNIQUE (fig. 12), signe extrêmement polysémique dont les emplois – « architecte », « régime alimentaire », « être sobre », « surveiller les dépenses », « mesurer ses paroles », « être prudent » et même « pétanque » (Bourg-en-Bresse) – ont tous en commun de référer à des choses que l'on mesure, représentées par l'image d'un compas, l'instrument de mesure par excellence...

© Yves Delaporte

Fig. 11. FÊTE.

Mais, si l'intérêt de l'entreprise étymologique se limitait à cela, ce serait encore assez peu de chose. Aussi conduit-elle beaucoup plus loin, en apportant la preuve que le lexique n'est pas un agglomérat indistinct de signes indépendants les uns des autres, mais qu'il s'organise en familles

© International Visual Theatre

Fig. 12. TECHNIQUE.

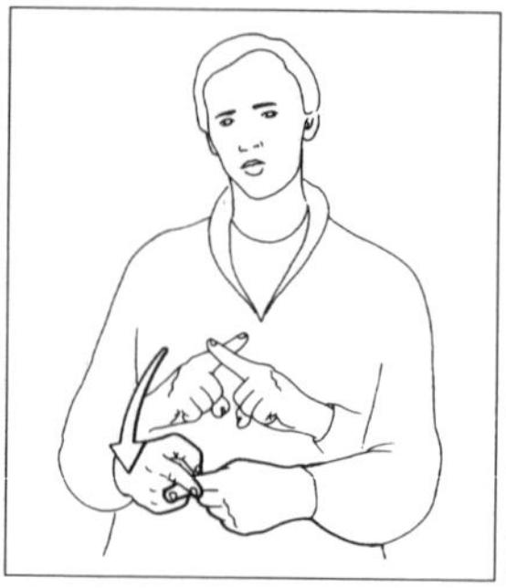

© International Visual Theatre

Fig. 13. CONVAINCRE.

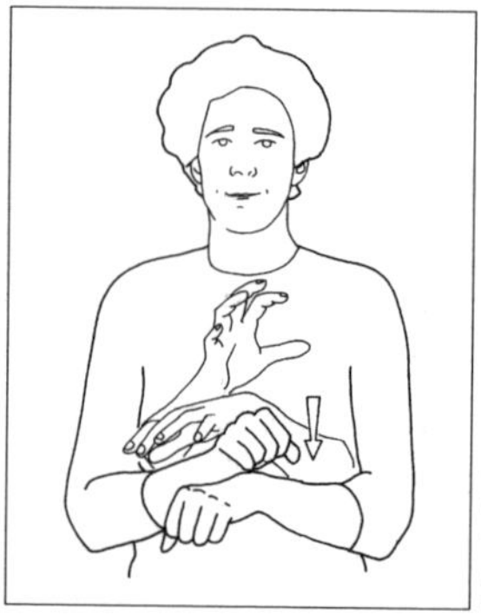

© Carole Marion

Fig. 14. HABITUDE en langue des signes américaine.

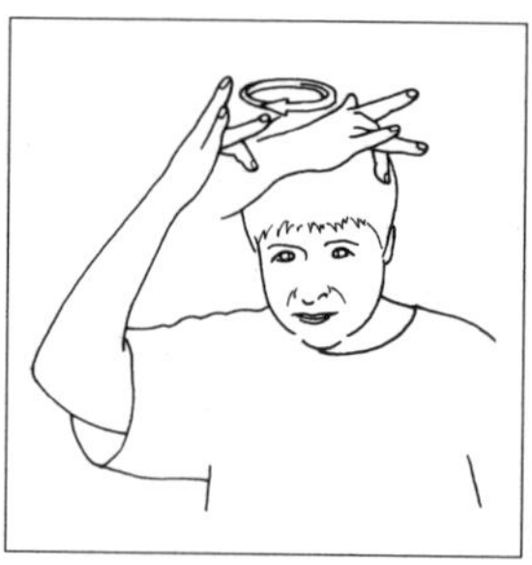

© Yves Delaporte

Fig. 15. PRIX.

de signes issus d'un étymon commun, exactement comme les mots *chef, capitale, décapiter, capituler, chapitre*, forment une famille de mots issus du latin *caput* (« tête »). Voici quelques exemples de telles familles, dont les étymons sont issus de la vie civile ou religieuse qui constituait, en institution et au dehors, l'environnement des sourds.

L'image du duel, rituel dont on connaît l'importance dans l'ancienne culture française, a généré les signes ENNEMI, SE DISPUTER, DÉBAT, DISCUTER, INTERDIRE et CONVAINCRE, dans lesquels les index tendus représentent deux épées. DIALOGUER diffère de DISCUTER par sa configuration en clé : les mains ne représentent plus des épées, mais leur tenue ; le sens ancien du mot *disputer* (« discuter, argumenter ») fournit un passage entre « se disputer » et « dialoguer ». L'image qui fonde DIALOGUER et DÉBAT se retrouve en français avec l'expression « joute oratoire ». Le signe CONVAINCRE (fig. 13), qui montre une épée contraignant l'autre à s'abaisser, est l'équivalent gestuel de la métaphore « rendre les armes » à la fin d'une discussion.

Les menottes, qui dans les siècles passés menaçaient tout sourd-muet arrêté pour vagabondage ou chapardage, fondent les signes EMPÊCHÉ, GÊNÉ, PUNIR et, par inversion du mouvement, LIBRE. Cet instrument de contrainte est également à l'origine de l'ancien signe HABITUDE, glosé « emmenotté » par l'abbé Lambert (1865), disparu en France mais maintenu aux États-Unis (fig. 14).

En institution, le rituel de la distribution des prix au mois d'août s'accompagnait de la pose d'une couronne de laurier sur la tête des meilleurs élèves, couronne que stylisait le signe

PRIX (fig. 15). Cette couronne a généré l'ancien signe parisien AOÛT, qui, par dérivation sémantique, est devenu l'actuel signe ÉTÉ, ce qui explique la paronymie entre ÉTÉ et SAINT : dans les deux cas, c'est la représentation d'une couronne, lauriers pour le bon élève, auréole pour le saint. Un mouvement circulaire, ample et unique au-dessus de la tête s'est réduit à un mouvement du poignet devant le front. Les changements intervenus dans le calendrier scolaire en ont fait le signe JUILLET à Marseille et à Montpellier, le signe JUIN à Bordeaux et au Puy.

La restriction de nourriture pendant le carême a été symbolisée par la clôture des lèvres, main en clé, en pince ou en pouce tendu passant devant la bouche. Ces trois étymons fondés sur une même image ont produit les signes AVRIL (fig. 16), rapporté aujourd'hui à Paris sur un seul côté du visage, et MARS (la main en clé tapote le menton). Le sens initial « carême » s'est élargi aux notions d'obligation, de souffrance, de patience et d'attente : les mêmes étymons ont produit les signes FORCER, SOUFFRIR, PATIENCE, PAS ENCORE, TOUT À L'HEURE. Cette famille s'enrichit de signes de province, tels les signes chambériens LÉGUMES et CHOU (fig. 17) – ces aliments étant souvent servis à la table des institutions pendant la période de carême.

On sait la prégnance de l'image du diable, tant dans la société ancienne que dans les institutions pour sourds-muets, longtemps dirigées par des congrégations religieuses. Symbolisée par la configuration en fourche, ici bien nommée puisqu'elle évoque à la fois les cornes, la queue, les griffes et les sabots fourchus du diable, ainsi que l'outil avec lequel il tourmente les damnés, elle

Fig. 16. AVRIL (Bresse).

Fig. 17. CHOU (Chambéry).

a généré les signes DANGER, MAUVAIS et son presque antonyme PAS MAL, ainsi qu'un signe ATTENTION, autre que celui déjà cité.

Si le lexique est imprégné du monde dans lequel sont immergés les sourds, il porte aussi la trace des grands centres urbains dans lesquels il s'est construit : on y retrouve le regard négatif que les citadins portaient sur le monde rural. Une imitation caricaturale de la démarche des paysans a produit le signe PAYSAN, puis, par dérivations successives, VILLAGE, IMPOLI (fig. 18) et MERDE. Cette surprenante étymologie est largement attestée par les descriptions anciennes de PAYSAN : « signe démarche lourde » (abbé Ferrand, vers 1785), « représenter, par une démarche lourde, un homme grossier et rustique » (abbé Sicard, 1808, à l'entrée MANANT).

Des gestes aux signes

La gestualité pratiquée dans le monde entendant constitue une autre source importante de création lexicale. Les sourds ont emprunté nombre de gestes pour en faire des signes de leur langue, mais toujours en en modifiant la forme et/ou le sens. Parmi les emprunts qui se sont montré les plus productifs, on citera le geste de « faire les cornes », protection contre le mauvais œil, puis geste de moquerie dans les cours de récréation. Au XIXe siècle, c'était un signe orientable : avec les cornes pointées vers autrui, c'était VOUS VOUS TROMPEZ ; avec les cornes pointées vers soi, c'était JE ME TROMPE, ce qui équivalait à se moquer de soi-même suite à une erreur que l'on avait commise (fig. 19). Le

© Yves Delaporte

Fig. 18. IMPOLI. D'après une photographie dans Oléron, 1978.

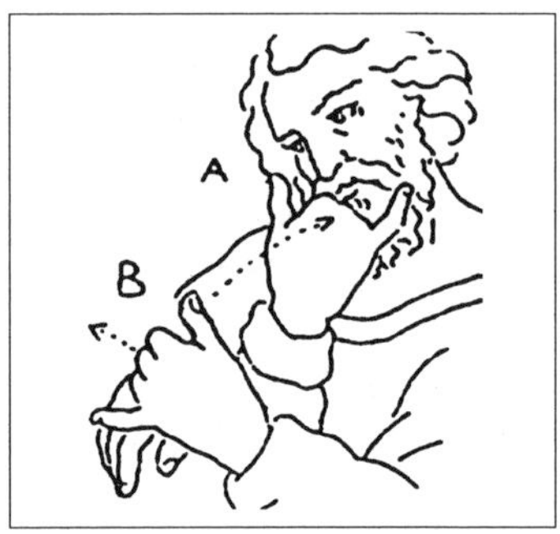

Fig. 19. A : JE ME TROMPE. B : VOUS VOUS TROMPEZ. Abbé Lambert, 1865.

mouvement a ensuite perdu son orientabilité, et le signe, toujours dirigé vers soi, a pris la valeur générale de « se tromper ». Le même étymon a produit d'autres signes à connotation négative : EXPLOITER, DÉGUEULASSE, MALADROIT, FAUX, qui a lui-même conduit aux dérivés ARTIFICIEL et AH BON. Il est à noter que dans le geste étymon les cornes se font avec l'index et l'auriculaire tendus, tandis que les signes qui en sont issus se font avec le pouce et l'auriculaire tendus : c'est une adaptation aux caractéristiques de la langue emprunteuse, dans laquelle la seconde configuration est beaucoup plus fréquente que la première.

Disposer les deux index en forme de croix oblique est un autre geste négatif, attesté dans le monde entendant depuis le XVe siècle (fig. 20). Emprunté et modifié par les sourds, ce geste a eu une riche descendance, aussi bien aux États-Unis qu'en France. Au XVIIIe siècle, en le réalisant devant la bouche, on produisait le signe MENTEUR. Au siècle suivant, ce signe a changé de forme tout en maintenant le motif de la croix : cessant de se croiser devant la bouche, les index se sont croisés au cours de leur mouvement (fig. 21). Réalisé de manière plus économique dans un plan perpendiculaire au corps, c'est le signe actuel ERREUR ; réalisé avec une seule main, c'est le signe actuel MENTEUR. Toujours au XVIIIe siècle, en plaçant les index croisés sur le front, on produisait le signe polysémique MALIN (au sens ancien de « mauvais »)/DIFFICILE. Si le premier sens gardait un lien étroit avec le symbolisme du geste étymon, le second n'en conservait plus que les connotations négatives. Ce signe s'est maintenu presque inchangé avec le sens de « réfléchir avec perplexité à une question difficile »

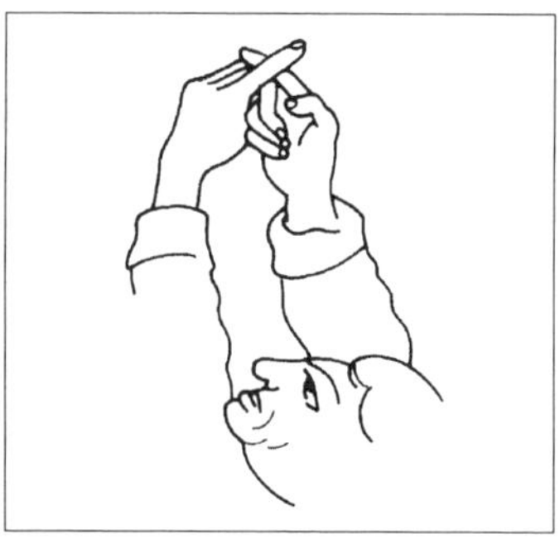

Fig. 20. Geste injurieux, XVe siècle.
D'après un tableau de Holbein.

Fig. 21. MENTIR. Abbé Laveau, 1868.

(fig. 22). Réalisé avec une seule main et une modification du mouvement, il est à l'origine du signe actuel DIFFICILE.

Rapprocher l'un de l'autre les deux index parallèles est un geste répandu dans tout le bassin méditerranéen, qui symbolise une proximité sociale. Il a été emprunté par les sourds pour créer les signes MÊME, AUSSI, FRÈRE, SŒUR, COUSIN(E), ONCLE, TANTE.

La poignée de main, réalisée successivement du point de vue de chacun des deux partenaires, a produit le signe ASSOCIATION, homonyme de RANGER (fig. 1) : l'image de deux mains qui s'enserrent figurait sur les bannières des associations de sourds-muets. Par dérivation sémantique, c'est aussi le signe COMPLICE. C'était autrefois le signe SOCIÉTÉ, tantôt synonyme d'« association », tantôt désignation d'un vaste ensemble social. C'est aussi l'un des signes PAIX. Non redoublé et avec quelques modifications de forme, le même étymon a produit les signes AMANT/MAÎTRESSE et RENDEZ-VOUS.

Familles morphosémantiques

En langues vocales, l'étymologie est une démarche exclusivement historique. S'appuyant sur les archives qui gardent la trace des formes anciennes et sur les lois phonétiques qui indiquent, pour une langue et une période données, quelles évolutions sont possibles et lesquelles ne le sont pas, l'étymologiste reconstruit les étapes de l'évolution des mots. La même démarche est transposable à la langue des signes. Des centaines d'étymologies peuvent être découvertes avec cette méthode. Mais les langues signées sont également justiciables d'une tout autre démarche. Voici de quoi il s'agit.

Fig. 22. RÉFLÉCHIR AVEC PERPLEXITÉ.

Une propriété fondamentale des signes est qu'ils peuvent être décomposés en unités que la tradition nomme « paramètres » : essentiellement la forme de la main ou configuration, l'emplacement par rapport au corps, le mouvement. Une seconde propriété, moins largement reconnue, en tout cas hors de France, est que ces paramètres sont porteurs de significations latentes, de nature symbolique, avant que de s'actualiser dans des signes concrets. Faites sortir un index d'entre les doigts de l'autre main ouverte : si vous êtes en France, vous avez réalisé le signe EXCLUSION SOCIALE ; si vous êtes aux États-Unis, vous avez produit le signe S'ENFUIR. Les sens sont très différents, mais la valeur très générale (« personne qui sort d'un groupe »), fondée sur l'index vertical symbolisant un individu et la main ouverte symbolisant un groupe social, est la même dans les deux cas.

J'appelle « sémantismes » ces significations virtuelles. Dégager les sémantismes des différents paramètres est l'une des tâches de la recherche étymologique. Certains sémantismes frisent l'évidence parce qu'ils puisent dans des représentations collectives partagées par tous, sourds ou entendants : le cœur est un emplacement lié à l'expression des sentiments (c'est là, ou déplacés sur le milieu de la poitrine, que sont produits les signes AIMER, PITIÉ, INTÉRESSANT, ÊTRE VEXÉ, ÊTRE DÉSOLÉ, etc.), le front est un emplacement lié aux fonctions intellectuelles (c'est là que sont produits les signes PENSER, CROIRE, IDÉE, COMPRENDRE, RÉFLÉCHIR, INTELLIGENT, etc.), le majeur est la configuration du toucher, aussi bien au sens propre que figuré (c'est avec lui que se font les signes TOUCHER, CONTACT, EXPÉRIENCE, CULTURE, QUITTER, etc.). Les quatre configurations qui ont en commun de présenter des doigts crochus sont constitutives de signes en relation avec la dureté d'un objet, l'acuité ou l'intensité d'un comportement ou d'un sentiment ; la plupart sont connotés péjorativement. Ces quatre configurations sont le crochet (FER, SCORPION, CRITIQUER, JALOUX, TENTATION, VIOLENCE, etc.), le double crochet (DUR, S'ÉNERVER, ESCROQUER, NE PAS VOULOIR, etc.), la petite griffe (BRUIT, CERNES, CRIER, ORALISME, etc.) et la griffe (AFFREUX, AVARE, COLÈRE, COMPLIQUÉ, etc.).

D'autres sémantismes sont plus complexes. Il y a un sémantisme négatif du nez, qui regroupe des sémantismes plus spécifiques, ceux du mensonge, de la moquerie ou de la déception. D'autres encore ont été rendus invisibles par l'évolution des formes. La bouche est la zone des « bonnes choses », mais la plupart des signes qui lui étaient liés (GOÛT, PARFAIT, UTILE, À LA MODE, etc.) sont descendus sur le menton ou se sont déplacés vers la joue pour ne pas entraver la lecture sur les lèvres. Le sémantisme du cœur est occulté lorsqu'au cours de l'évolution des signes ont été soumis à la tendance à la centralisation sur le corps : AVANTAGE signifiait initialement « remonter le cœur », AMICALE, aujourd'hui descendu sur les flancs, montrait un « échange de cœurs » (Lambert, 1865).

L'existence de ces sémantismes entraîne celle de familles morphosémantiques : ensemble des signes porteurs d'un même paramètre et d'un même sémantisme. Par exemple, l'ensemble des signes qui présentent la configuration dite en clé, associée au sémantisme « tenue d'un objet mince et/ou souple ». La notion de famille morphosémantique est aussi féconde que celle de famille étymologique proprement dite. Dans l'exemple choisi, c'est elle qui permet de comprendre la signification initiale des signes DIRIGER (tenue de rênes), ÉDUCATION (tenue d'un fouet, « éducation » ayant eu autrefois le sens de « dressage »), EN FORME, dont une variante archaïque se réalise sur la poitrine et non sur la paume de la main (lanière fouettant le cœur), DATE (tenue d'un stylo avec lequel on note une date sur un carnet), DIALOGUER, déjà cité (tenue de deux épées), ESPAGNE (tenue d'une cape jetée sur l'épaule), FORCER (tenue d'un aiguillon), NATURE (avec un large mouvement circulaire englobant la totalité des êtres, qui n'est plus aujourd'hui que résiduel, ce signe montrait la nature dirigée avec des rênes par Dieu).

On voit que la langue des signes conduit à une étymologie synchronique, expression qui n'est paradoxale qu'en apparence. Cette étymologie propre aux langues signées autorise des hypothèses sur la signification première d'un signe à partir de sa composition actuelle, en se fondant sur ce que l'on sait des sémantismes des paramètres, dont le repérage est souvent aussi précieux que la connaissance des états antérieurs de la langue. Il y a donc deux manières de faire de l'étymologie des langues signées, l'une diachronique, l'autre synchronique, les deux se combinant étroitement au cours de la recherche.

J'emprunte les notions de sémantisme et de famille morphosémantique au linguiste Pierre Guiraud, qui a mis en évidence l'existence de telles familles dans la langue française. Par exemple, celle qui est fondée sur la structure « t.k » ne regroupe pas moins de quatre cents mots ayant un rapport avec la notion de « coup » (*attaque*, *toquer*, *tocsin*, etc.). À un même mouvement de la langue dont la pointe se porte en avant contre les dents avant que sa racine ne vienne heurter la partie postérieure du palais, correspond un même sémantisme, celui du coup porté. Il est à peine besoin de souligner quelles perspectives théoriques laissent entrevoir cette passerelle entre langues vocales et langues signées.

On notera que les signes appartenant à une même famille morphosémantique n'ont pas nécessairement entre eux des liens étymologiques : EN FORME et NATURE appartiennent à la famille morphosémantique fondée sur la configuration en clé et le sémantisme « tenue d'un objet mince et/ou souple », sans qu'il y ait lieu de supposer que ces signes dérivent historiquement l'un de l'autre ni d'un étymon commun. Même chose pour la famille morphosémantique constituée par une main descendant devant le visage et le sémantisme « tête vue de profil », qui regroupe les signes MUSÉE (lieu où s'observent des profils de portraits et statues), PORTUGAL (dont la carte rappelle un profil humain), d'anciens signes LUNE (dans laquelle l'imagerie populaire voit un visage) et TIMBRE-POSTE (montrant le profil de Cérès), et enfin le signe HASARD (visage figurant sur les pièces de monnaie avec lesquelles on joue à pile ou face). Tous ces signes ont en commun d'associer une même forme à un même sémantisme, et c'est d'ailleurs cet apparentement qui a permis de trouver la peu évidente étymologie de HASARD (fig. 23) ; mais, pas plus que EN FORME et NATURE, ils ne dérivent d'un étymon commun. La famille morphosémantique est donc une catégorie plus large que la famille étymologique qui possède une dimension historique : elle l'inclut tout en la débordant.

Langue, histoire et culture

L'étymologie, et plus généralement l'histoire de la langue des signes française, modifie en profondeur la vision que nous avions de cette langue. Loin de constituer un fourre-tout amorphe d'unités, dont certaines, sans que l'on

Fig. 23. HASARD (Bresse).

sache trop pourquoi, seraient iconiques et d'autres non, elle apparaît maintenant comme un ensemble structuré à partir de relations entre des formes et des sens, puisant dans un réservoir d'étymons tous iconiques mais ayant évolué selon des régularités qui sont maintenant bien établies. Chaque étape de l'évolution correspond à un équilibre provisoire entre les contraintes de l'iconicité et la loi du moindre effort. L'étymologie résout de manière élégante l'apparente contradiction entre l'iconicité, si haut affirmée par les sourds, et la réalité de centaines de signes aujourd'hui immotivés. Il y a là de quoi rassurer les formateurs sourds, quelquefois mal à l'aise devant les questions des apprenants entendants sur l'origine de tel ou tel signe.

Dans la genèse des signes, la recherche étymologique identifie un vaste ensemble de représentations, de symboles, d'images, de gestes, de traditions, qui imprègnent la culture française depuis des siècles. C'est sur le nez que se réalise le signe HUMOUR, tandis que le mot latin *nasus,* d'où est issu *nez,* signifiait « esprit moqueur » : nul emprunt de la langue des signes au latin, cela va sans dire, mais formes langagières issues d'un système de représentations collectives associant le nez et le rire, parmi lesquelles des images immédiatement accessibles aux sourds-muets, tel le nez péninsulaire de Cyrano ou le nez rouge des clowns.

Les emprunts à la gestualité ambiante manifestent également la présence, dans la langue des sourds, du monde dans lequel eux-mêmes sont immergés. Cette relation entre signes et gestes n'a pas manqué d'être remarquée, et a servi de prétexte pour banaliser la langue des signes en la réduisant à une gestualité universelle. L'étymologie lui reconnaît maintenant ses exactes proportions : les emprunts sont nombreux mais toujours adaptés aux structures de la langue des signes, au point de devenir souvent méconnaissables.

L'étymologie informe aussi le chapitre des relations entre langue et culture. L'histoire du signe ENTENDANT touche au fondement de la culture sourde, qui est de définir la surdité comme une catégorie anthropologique liée à un mode de communication, et non comme un déficit d'audition. L'histoire du signe FRANÇAIS, qui dit des citoyens français qu'ils sont les enfants de leur nation, montre de manière complémentaire combien la langue des signes s'ancre dans une histoire commune aux sourds et aux entendants.

L'étymologie a encore un autre mérite : elle permet d'éclairer une question jusqu'ici très controversée, celle des relations entre langue française et langue des signes. De très nombreux calques reflètent l'insertion d'une population minoritaire en contact permanent avec la langue majoritaire, sous sa modalité écrite. Au XIXe siècle, des professeurs sourds-muets talentueux, nourris de littérature française, écrivant eux-mêmes de nombreux livres dans un style châtié, enseignaient le français à leurs élèves au moyen de la langue des signes : il n'y a rien d'étonnant à ce qu'ils aient fait passer dans leur langue des métaphores et des tournures françaises, lorsqu'elles leur paraissaient le mériter. Pour produire le signe PENSÉE SUBTILE, l'index droit piquait le bout de l'index gauche sur chacun de ses côtés : c'était une transposition gestuelle de l'expression « argumenter sur la pointe d'une épingle ». Après 1880, lorsque la langue des signes a été interdite dans les institutions, d'autres emprunts, plus grossiers, ont été faits au français, sous la forme d'un mot à mot, ou plutôt d'un mot à signe : DE BONNE HEURE est ainsi devenu un signe composé, BON suivi de HEURE, calque que l'on peut juger absurde, mais qui, aujourd'hui condensé en un signe unique dans lequel les deux mains présentent la même configuration, a été digéré par la langue emprunteuse.

Tout cela suggère combien les connaissances nouvelles fournies par la recherche étymologique pourront venir informer n'importe lequel des points de vue d'où la langue des signes peut être observée. Le temps est clos des théorisations hasardeuses qui faisaient l'impasse sur l'histoire.

Yves DELAPORTE

Docteur d'État en ethnologie,
directeur de recherche au CNRS,
membre du Laboratoire d'anthropologie urbaine.

Le banquet annuel des sourds-muets. Le toast à l'abbé de l'Épée. Dessin d'Auguste Colas.
Source : *Le Monde illustré.* Journal hebdomadaire. 24 décembre 1887, p. 412.

CHAPITRE V

Les contenus d'enseignement

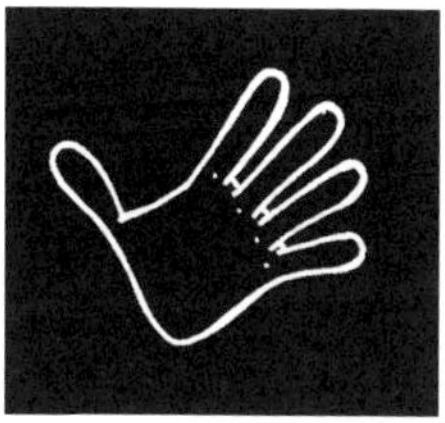

Au début, je mélange tous les moyens de communication. Les mots qui sortent oralement, les signes, le mime. Je tombe dessus subitement, on me la donne à sept ans, il faut que je m'organise, que je fasse le tri de toutes les informations qui arrivent. Et elles sont considérables. À partir du moment où l'on peut dire, par exemple, avec ses mains, dans un langage académique et construit : « Je m'appelle Emmanuelle. J'ai faim. Maman est à la maison, papa est avec moi. Mon copain s'appelle Jules, mon chat s'appelle Bobine… » À partir de là, on est un être humain communicant, capable de se construire.

Je n'ai pas appris en deux jours, bien sûr. À la maison, je continue à utiliser un peu du code maternel, en y mélangeant les signes. Je me souviens qu'on me comprenait, mais je ne me rappelle pas la première phrase que j'ai signée et que l'on a comprise.

Petit à petit, j'ai rangé les choses dans ma tête et j'ai commencé à me construire une pensée, une réflexion organisée. À communiquer avec mon père, surtout.

Emmanuelle Laborit,
Le Cri de la mouette, chapitre XV.

Les programmes officiels de LSF

Observations générales

Afin d'harmoniser les contenus et les pratiques d'enseignement de la LSF sur l'ensemble du territoire, les programmes de LSF pour l'école primaire (*BOEN* n° 33 du 4 septembre 2008), pour le collège et pour le lycée d'enseignement général et technologique et pour le lycée d'enseignement professionnel (publiés au *B.O.* du 17 juillet 2009) ont été conçus et réalisés par des équipes de spécialistes sous la direction de l'inspection générale.

Ces programmes sont désormais officiels, à la disposition de tous.

Rappelons toutefois que l'obligation nationale de suivi n'entraîne pas nécessairement leur application exhaustive. Ils doivent guider l'enseignant, fixer les attentes et permettre une progression harmonieuse de l'apprentissage. L'enseignant y puisera les directives utiles, en fonction de sa classe et du niveau des élèves auxquels ils s'adressent. L'essentiel est qu'à la fin de chaque cycle, chaque élève ait au minimum acquis les compétences lui permettant de poursuivre son acquisition des fondamentaux indispensables à chaque niveau.

Linguistes, formateurs en LSF, pédagogues et enseignants d'élèves concernés ont participé à l'élaboration de ces programmes. Ces enseignants ont apporté des éclairages concrets et réalistes en fixant les exigences par rapport aux compétences réelles d'élèves et à leur potentiel d'apprentissage.

La notion de « compétences à atteindre » est au cœur de ces programmes, comme c'est le cas pour les programmes d'enseignement des langues vivantes et dans l'esprit du cadre commun européen de référence, aujourd'hui en vigueur dans l'Éducation nationale.

Qui sont les élèves concernés ? Le groupe d'experts réunis à la demande de la DGESCO en a défini le périmètre, et celui-ci est tracé dans les textes officiels qui régissent l'enseignement de la langue des signes française à l'école primaire (Arrêté du 15 juillet 2008, *J.O.* du 13 août 2008, *Bulletin officiel* n° 33 du 4 septembre 2008).

« Le programme de LSF s'adresse donc nécessairement aux jeunes sourds dont les parents ont fait le choix de la communication bilingue. Cependant, une telle acception apparaît à l'évidence trop restrictive pour permettre aux jeunes sourds d'établir, avec leur environnement proche, une communication aisée favorisant une scolarité réussie. C'est pourquoi les élèves qui se situent dans la proximité de vie immédiate et obligée d'un jeune sourd (fratries, camarades de classe par exemple) pourront également, dans la limite du possible, avoir accès à l'enseignement de la LSF. »

Description et architecture des programmes

Ils tiennent compte des conditions très particulières dans lesquelles se trouvent les élèves à leur entrée en maternelle : certains, de parents sourds, ont reçu une initiation ; d'autres, de parents entendants, ne l'ont pas reçue. Et la première imprégnation est elle-même variable : s'agit-il de la langue des signes, de français traduit, de mime, ou parfois d'un mélange des trois ? Il s'agira donc pour les professeurs des écoles de bien recentrer sur la langue des signes, au sens strict du terme, pour la communication « orale », en face-à-face, sans négliger pour autant l'apprentissage du français écrit, lorsque le choix du bilinguisme est fait par les parents. Ce double objectif sous-tend les programmes de maternelle. Une grande importance est accordée à la gestion du regard, qui occupe une place déterminante, ainsi qu'à l'apprentissage des consignes en LSF, au recours à des situations concrètes et familières et à l'utilisation des comptines appartenant au domaine de la langue française.

Les objectifs doivent rester modestes, mais l'enseignement doit être exigeant, rigoureux et méthodique, condition nécessaire à l'acquisition des bases solides.

À l'école primaire, les programmes sont présentés en paliers, conformément à la pratique pour les autres disciplines. Une progression est organisée en fonction des cycles d'enseignement afin d'assurer une construction harmonieuse des savoirs et des compétences.

Au collège, tout ce qui relève de la communication est intensifié. De plus, la langue devient un objet d'étude à part entière, et ses contenus culturels doivent être appropriés par les élèves.

Au sortir du lycée, on doit s'assurer d'une bonne maîtrise de la langue sous tous ses aspects.

Il est à souligner que les programmes d'enseignement pour le lycée professionnel et pour le lycée d'enseignement général et technologique ont été conçus et publiés simultanément, ce qui est une nouveauté. L'idée a été de ne pas retarder la publication des premiers, mais aussi de donner une cohérence à l'ensemble. Ces programmes sont destinés à deux groupes d'élèves distincts : ceux qui ont suivi le cursus d'apprentissage depuis le tout début et les débutants. Les contenus renforcent les compétences définies pour le collège, ce qui assure une continuité harmonieuse. Il y a une montée en charge des contenus culturels, autour du thème général « Vivre sourd en société avec la langue des signes française », et des pistes sont ouvertes pour les enseignants. Dans le cadre de la mastérisation et de la refonte des concours de recrutement en cours, les programmes des nouveaux CAPES seront adossés aux contenus des programmes des collèges et des lycées pour les différentes disciplines. Les candidats au CAPES de LSF y trouveront matière à leur préparation.

Les programmes

On trouvera les programmes de l'enseignement de la langue des signes française à l'école primaire, de l'enseignement de la langue des signes française au collège et de l'enseignement de la langue des signes française au lycée d'enseignement général et technologique sur le site http://eduscol.education.fr.

Les « fiches pédagogiques pour faire la classe » conçues simultanément et enrichies progressivement se trouvent sur le site http://www.ressources-lsf.cndp.fr.

Mise en œuvre des programmes

Explicitation de la démarche

L'enseignant puisera dans ce stock (programmes et fiches), en fonction de ses objectifs et du niveau des élèves de sa classe.

Il s'agira pour lui d'abord d'observer la façon dont les élèves se comportent – individuellement et en groupe –, afin d'apprécier leur degré de dépendance par rapport à leurs camarades ou à l'enseignant, ou, au contraire, leur degré d'autonomie. Ceci occupera la première heure ou les premières heures, voire quelques jours. L'enseignant pourra alors préparer ses séances ou séquences de travail, en fonction de son public. Il délimitera des objectifs réalistes et modestes, aux plans linguistique, communicationnel et culturel. Progressivement, il créera les conditions d'apprentissage adaptées aux objectifs recherchés. Le pilotage pédagogique prendra appui sur des évaluations (une fiche standard est en ligne sur le site) en cours d'apprentissage pour le réguler et mesurer les acquis en fin de parcours. Ces évaluations doivent être positives : il s'agira de vérifier ce que l'élève s'est approprié en matière de savoirs et de savoir-faire. Le choix des supports d'apprentissage (et d'évaluation) doit toujours être en lien avec des activités, soit individuelles, soit interactives. Le concept de compétence est au cœur de cet enseignement.

Un programme officiel est toujours donné à titre indicatif. C'est l'outil même de référence permettant une harmonisation des enseignements et des pratiques d'apprentissage sur l'ensemble du territoire national. Cependant, les enseignants n'ont pas obligation de le traiter de manière exhaustive, ce qui serait en contradiction avec l'horaire d'enseignement qui obéit à des contraintes de ventilation des horaires obligatoires affectés aux disciplines enseignées, avec l'hétérogénéité de la classe et avec la liberté pédagogique de l'enseignant. Celui-ci dispose d'une certaine marge de manœuvre dans ses choix, même si elle est, à son tour, déterminée par l'effectif, l'hétérogénéité des élèves, les moyens matériels.

Les « fiches pédagogiques d'accompagnement pour faire la classe[1] »

Le tableau ci-après concerne l'école primaire, à titre indicatif, mais la même organisation existe pour le collège, le lycée général et technologique et le lycée professionnel.

Les enseignants peuvent y trouver des conseils, des outils, des fiches pour les aider à la préparation de leurs cours. S'agissant de l'école primaire, les trois cycles sont couverts. La mise en ligne sur un site est un travail évolutif et enrichi par les apports fournis par les enseignants, toujours validés par le groupe de travail institutionnel.

Une sélection de ressources

Des conseils	Des documents vidéo	Des outils
Démarche générale : - préparation de situations d'apprentissage ; - aménagement de l'espace ; - communication différée en LSF : La LSF-vidéo ; - matériel nécessaire aux apprentissages de LSF ; - utilisation du matériel technique ; - déroulement de la première leçon de LSF ; - activités manuelles et motrices sources de communication et de découvertes.	- *La Goutte de pluie* (cycles 1, 2) - *Contes Urashima Tao* (cycles 2, 3) - *L'histoire à faire peur* (cycles 2, 3) - Film TV5 (cycles 2, 3) **Vidéos en lignes** - Bandes dessinées en ligne BD Magelis Webographie ou documents vidéo DVD - *Histoire d'un petit monstre* - *Splorch* - *Hermanne et Yogi* - www.bandes-dessinées.org - *L'Île aux sourds*	- Comparaison entre enfant entendant et enfant sourd pour appropriation du langage - Alphabet dactylologique et configurations - Fiche vierge pour construction d'une séance - Fiche vierge pour construction d'une séquence - Fiche vierge : évaluation des compétences - Recette : « le gâteau Damier » - Documents textes liés aux fiches

1. Figurent sur le site dédié : http://www.ressources-lsf.cndp.fr

Fiches de séances ou de séquences réparties par cycles

Cycle 1	Cycle 2	Cycle 3
1. Compétences de communication - Séquence : appartenance - Séquence : jeu de ronde **2. Compétences concernant le langage d'accompagnement de l'action** - Séquence : l'anniversaire **3. Compétences concernant le langage d'évocation** - Séquence : histoires avec des figurines - Séquence : la chambre **4. Compétences concernant le langage écrit et la littérature** (en LSF et en français) **4.1. Littérature de jeunesse issue de la culture sourde** - Séquence : comptine de la poule **4.2. Littérature de jeunesse** - Séance : comptine *Ils étaient dans le nid* - Séquence : Elmer - Séquence : Elmer et les couleurs - Séquence : Elmer et ses amis - Évaluation	**1. Compétences communicationnelles** - Séquence : l'anniversaire - Séquence : qui fait quoi dans la maison ? **2. Compétences linguistiques et culturelles** - Comptine de l'« Arbre ABC » - Séance : paysages - Séquence : activités autour des énoncés poétiques **3. Compétences permettant de passer de la LSF au français écrit** - Séquence : lecture d'un récit (antérieur/postérieur) - Séquence : histoires avec des figurines - Dictée à l'adulte - Journal bilingue - Évaluation	**Voir :** - Bandes dessinées en ligne BD Magelis Webographie ou documents vidéo DVD - *Histoire d'un petit monstre* - *Splorch* - *Hermanne et Yogi* - www.bandes-dessinées.org **1. Compétences communicationnelles** - Séance : paysages - Séquence : jeu du vendeur **2. Compétences linguistiques et culturelles** - Séquence : activités autour d'énoncés poétiques cycles 2 et 3 - Séquence : expression du temps, classification du lexique - Séquence : dialogue et discours rapporté - Séquence : dialogue et discours rapporté 2 **3. Compétences permettant de passer de la LSF au français écrit** - BD - Séquence : réalisation d'un journal bilingue - Évaluation

N.B. : on notera que certaines séances ou séquences peuvent apparaître dans deux cycles distincts et illustrer des compétences différentes. En effet, un même support et une même activité peuvent être abordés suivant un objectif principal différent. Ils ne sont ici qu'à titre d'exemples.

Observations d'ordre pédagogique

Sachant que la LSF n'a pas de forme écrite depuis la nuit des temps, la trace de la LSF en situation scolaire se révèle d'autant plus problématique. Comment faire travailler la LSF aux élèves chez eux ? Est-il cohérent de recourir au français écrit pour étudier la LSF ? Est-il indispensable d'inventer une écriture propre à la LSF ? Au XIXe siècle, Auguste Bébian, premier pédagogue entendant ayant une bonne maîtrise de la LSF, tentait de résoudre cette problématique. De nos jours, d'autres questions se posent au moment où l'enseignant de LSF est devant des élèves qui ont soif d'étudier cette langue.

La méthodologie concernant l'enseignement de la LSF au second degré s'inspire de la pédagogie générale de cette discipline spécifique.

Le déroulement d'un cours de LSF ressemble étrangement à celui d'un cours ordinaire. Toutefois, l'absence de forme écrite en fait une spécificité.

La seule différence entre les deux types de cours est que le support pour la trace n'est pas un cahier, mais l'outil informatique, qui conserve la trace de la séquence pédagogique signée, par le biais du support vidéographique.

À cet égard, le *BOEN* du 16 juillet 2009 stipule pour le programme de LSF au second degré de favoriser la mise en place d'un outil de communication en face-à-face et en différé. Ce dernier permet à l'apprenant de développer ses compétences discursives en complétant des éléments contextuels, alors que le face-à-face peut en être dépourvu. Ces compétences sont donc transférables à l'acquisition parallèle du français écrit.

De surcroît, le support vidéographique fait développer l'observation raisonnée de la LSF, ce qui contribue à la construction des compétences linguistiques. Cette observation est très difficile, voire impossible, en situation de face-à-face.

Apports de la LSF numérique

La vidéographie numérique, dite communément « LSF numérique », révolutionne la pédagogie et la didactique de la LSF. Elle s'approche des fonctions de l'écrit en général[2]. Elle est stable et durable. Du point de vue du locuteur, comme le texte est détaché de la situation et ne peut être ajusté en cours de production, la LSF numérique doit incorporer toutes les informations pertinentes et anticiper toutes les difficultés des destinataires. Du point de vue de l'interlocuteur, celui-ci a accès à l'enregistrement signé complet (les termes « enregistrement signé » équivalent au « texte » pour le français) : la fin lui est donnée en même temps que le début. Il peut commencer par la fin, lire et relire, ne lire qu'un passage, revenir en arrière, etc. Normalement, le lecteur n'a pas accès aux phases préparatoires. Pour ces différentes raisons, la construction de

2. Cours universitaire de Brigitte Garcia à l'université Paris-8.

l'écrit a des exigences spécifiques d'explicitation et d'organisation qui n'existent pas dans la communication en face-à-face.

Depuis l'arrivée de la LSF numérique, la didactique de la LSF s'est développée rapidement et d'une façon précise.

En situation scolaire, en classe ou à la maison, la LSF numérique permet aux élèves de prendre du recul à tête reposée sur la langue visuelle, de faire des comparaisons, de lire seuls la LSF sans la présence physique d'interlocuteur et sans recours au français écrit. C'est pourquoi la LSF se marie bien avec les technologies de l'information et de la communication pour l'éducation (TICE) recouvrant les outils et produits numériques qui peuvent être utilisés dans le cadre de l'éducation et de l'enseignement. Les TICE permettent une meilleure concentration et une progression remarquable des élèves sourds mais également des entendants apprenant la langue optionnelle.

En effet, les progrès techniques (passage du caméscope à la webcam et de la cassette VHS à la clé USB) ont rendu possible de réduire le temps d'enregistrement, de production et de recherche, de modifier la démarche, d'offrir une meilleure interactivité entre élève et enseignant, favorisant la communication nécessaire à l'apprentissage de la LSF.

Utilisation des différents supports pédagogiques dans l'enseignement de la LSF

Le paragraphe suivant invite à connaître les différents supports utilisés pour l'enseignement de la LSF. La plupart des supports vidéographiques sur lesquels le locuteur signeur est enseignant ont donc dû être élaborés par lui-même. Ils sont donc le document didactique.

Cette situation est tellement neuve que, dans un premier temps, l'enseignant est confronté à de l'embarras ou de l'inhibition, pour la simple raison qu'il n'a lui-même jamais eu l'occasion de travailler sur la LSF différée pendant sa propre scolarité, et que l'enseignement de la LSF est un événement tout récent. Après un certain temps de travail, la gêne s'amenuise.

L'auteur de l'article tient à signaler à quel point – il parle par expérience – le travail sur la LSF différée améliore la qualité de l'expression signée en face-à-face. Pour un enregistrement signé au propre, l'expression signée se fait à plusieurs reprises, jusqu'à ce qu'elle soit correcte et compréhensible pour un destinataire inconnu, ce que l'on peut alors appeler « bonne LSF » ou « LSF correcte ».

Dans la communauté sourde, la messagerie vidéo et le centre de relais vidéotéléphonique sont de plus en plus utilisés depuis quelques années. On peut constater, chez un bon nombre d'adultes sourds, des productions en LSF différée comportant des lacunes et des ambiguïtés. Cela s'explique par le manque de connaissances relatives à la LSF différée, puisque ces signeurs n'ont jamais travaillé avec elle.

Il est bon de savoir pour l'enseignant qu'il existe d'autres types de documents vidéographiques.

– Document authentique : il est difficile à utiliser, car il faut obtenir une autorisation de droit à l'image et celle de l'auteur ou échapper à la complexité de cette démarche. Il peut aussi être publié sans droits par le biais de certains sites de vidéos sur Internet. Parfois, un document produit par l'élève devient, avec autorisation parentale, authentique sur une bonne appréciation de l'enseignant. « Toutefois un document officiel permet aujourd'hui une approche sereine dès lors qu'il s'agit d'utilisations pédagogiques dans un cadre donné » (Lettre mensuelle de la direction des affaires juridiques, n° 138, octobre 2009).

– Document didactisé : il signifie qu'un enregistrement signé et authentique est légalement extrait à des fins pédagogiques.

– Document d'adaptation : il consiste à traduire, par l'enseignant, un texte de source authentique ou didactique du français écrit en LSF, ce qui requiert une bonne qualité de traduction.

D'autres supports de type papier peuvent être utilisés dans l'enseignement de LSF comme des illustrations de type Verlaine[3] et parfois des textes authentiques en français. Ils peuvent aussi être numérisés pour que le cahier numérique de l'élève ou la clé USB sauvegardent ces différents supports.

Usage du cahier numérique dans le cadre de l'enseignement de la LSF

Concernant la fonction du cahier numérique, il mémorise également la production signée de l'élève et les cours fournis toute l'année par l'enseignant. L'élève les transfère sur son ordinateur personnel, avec lequel le devoir à la maison ou la révision pour une évaluation à venir se font. Cette modalité est destinée à faciliter les apprentissages des élèves. Leur motivation est renforcée en mettant systématiquement à leur disposition un poste informatique et une

3. Verlaine : les signes en LSF sont dessinés sur des personnages. Illustration page 68. Site Internet : http://pagesperso-orange.fr/laurent.verlaine.

webcam pendant les enseignements de LSF. La pratique quotidienne conforte motivation et implication.

De ce fait, la plupart des cours se basent sur un document informatique et monolingue (tout en LSF). Celui-ci consiste en une série de diaporamas de type présentation comportant une ou plusieurs vignettes vidéographiques qui se lisent en boucle ou sur demande. Par analogie, une page d'un manuel scolaire comporte des blocs textuels évoquant un titre, des consignes, des questions, quelques récits, des observations, une leçon à retenir, des exercices, etc. Des couleurs de fond et d'écriture de la page et des blocs textuels caractérisent la facilité de repérage des diverses fonctions d'information. Pour la LSF, le diaporama se substitue à la page et les vignettes aux blocs.

Production signée des élèves

Pour la production signée, chaque élève se place devant le poste informatique avec une webcam. L'élève enregistre sa production signée de façon autonome. Ensuite, il la relit à volonté si ses propos lui semblent corrects. Il peut la reformuler si nécessaire en la capturant à nouveau avant de l'envoyer à l'enseignant par le réseau Intranet en étoile entre celui-ci et les élèves. Le cadrage doit être fait de façon correcte, il équivaut à la présentation de la copie écrite de l'élève. L'élève

Illustration de type « Verlaine ».

peut également souligner un ou des groupes de signes par outil informatique et les montrer. Ensuite, l'enseignant visionne les réponses des élèves sur son poste. Il peut demander si nécessaire un réajustement à l'élève, qui doit le refaire ensuite.

Pour toute forme d'évaluation avec le maximum d'objectivité, la LSF différée prime celle du face-à-face. Elle peut être évaluée d'une manière évidente dans une appréciation globale, comme l'oral en français. Dans les autres disciplines, l'enseignant informe la classe préalablement avec un délai raisonnable pour que l'élève puisse réviser la leçon à la maison. Cette révision n'est pas possible dans les couloirs d'un établissement scolaire ou à la récréation. Durant tout contrôle, les élèves exécutent le travail de façon complètement autonome : ouvrir le fichier informatique contenant le contrôle concerné, répondre à chaque question en LSF différée en enregistrant. Il leur arrive de refaire une ou plusieurs fois la réponse si celle-ci est incohérente ou mal signée. Leur rythme est variable. Leur note sera prise en compte dans la moyenne trimestrielle et leur niveau de LSF sera connu au conseil de classe.

Heureusement, toute séquence ne se travaille pas systématiquement sur la LSF différée. L'oral en LSF (ou « face-à-face ») est aussi important pour développer des compétences communicationnelles. Le fond grisé d'un diaporama provoque l'interaction entre deux ou plusieurs élèves ou entre élèves et enseignant, mais également la production signée monologue (un élève devant la classe). Par analogie, dans l'enseignement du français, l'oral doit être largement favorisé.

Caractéristiques du diaporama pour l'enseignement de la LSF

Ce paragraphe amène à connaître les éléments de composition d'un diaporama utilisés par l'auteur de l'article. Les différentes couleurs de fond de chaque diaporama donnent un sens à leur teneur :

- la couleur grise amène les élèves à faire une activité d'analyse, de recherche et de repérage avant une leçon ;
- la couleur blanche indique une leçon à apprendre à la maison ;
- la couleur noire correspond à des exercices à travailler ;
- la couleur vert foncé propose une évaluation qui sera notée.

L'auteur tient à noter que, par analyse empirique, les couleurs de fond sombres confortent le visionnage prolongé par le fait de lire attentivement une ou des vignettes en quelques minutes sur l'écran. Cette attention ne peut pas être comparée avec l'attention requise pour regarder un film télévisé pendant une heure et demie, qui exige alors une concentration accrue.

Les différentes couleurs encadrant des vignettes marquent également une signification à leur portée :
- la couleur rouge représente une question ou une consigne à faire ;
- la couleur bleue indique une leçon à retenir sur fond blanc ;
- la couleur jaune donne un exemple pour faciliter la compréhension d'un exercice à faire.

Les petites icônes marquent des séances thématiques comme analyse, étude de langue, production, travail à la maison, etc.

Le rond en rouge au-dessous d'un numéro de question représente un point, l'élève doit savoir la valeur de chaque question lors d'une évaluation sommative. À titre d'exemple, deux ronds et un demi-rond rouges alignés valent donc deux points et demi.

La numérotation des diaporamas d'une séquence correspond aux numéros de pages du manuel scolaire. Cela permet à l'enseignant de faire faire des exercices à la maison.

La lecture des vidéos propose trois possibilités selon la visée pédagogique comme suit :
- la lecture simultanée en boucle avec possibilité d'arrêt amène à comparer avec recul plusieurs vignettes dans le but de trouver une réponse ;
- la lecture en boucle forcée sans possibilité d'arrêt conduit à trouver des éléments en réponse à une question dans le débit de l'expression signée du locuteur, comme lorsqu'on ne peut pas demander un arrêt dans l'expression signée en situation de face-à-face ;
- la lecture en une seule fois sur demande laisse la possibilité de choisir une des vignettes à lire, comme lorsqu'on lit par hasard l'article d'un journal ouvert.

Il est à noter que les logiciels de présentation au jour où cet article est publié n'offrent pas encore la possibilité d'avoir une console de contrôle située en bas de la vignette vidéo qui permet d'avancer plus vite ou de reculer les images. Cette lacune est compensée par la boucle automatique.

En outre, il est possible d'insérer une illustration (photo ou dessin) et d'animer des vignettes vidéographiques en boucle à des fins pédagogiques. Par ailleurs, un tableau à double entrée entièrement en LSF est facile à élaborer.

Aménagement spécifique d'une salle de cours (LSF numérique)

Il convient de prévoir l'aménagement spécifique d'une salle informatique afin de ne pas gêner l'espace visuel où les apprenants peuvent communiquer en

LSF. Les postes informatiques sont positionnés en U, de manière à ce que les élèves, entre eux et avec l'enseignant, se regardent sans obstacle visuel. Un vidéoprojecteur au plafond, connecté au poste informatique de l'enseignant, est recommandé, ce qui lui permet d'illustrer ses explications signées et de donner si besoin des appréciations sur la production signée de l'élève devant la classe. Cet emplacement du vidéoprojecteur est important afin d'éviter la lumière provenant de ce matériel sur l'enseignant situé devant les élèves et l'appareil dans son expression signée. Une négligence de positionnement du vidéoprojecteur risquerait de gêner la compréhension des élèves tout au long de la séance.

Le lieu où l'enseignant prépare la leçon dispose d'un équipement informatique et d'un studio d'enregistrement vidéo, où la lumière indirecte et la couleur unique en arrière-plan sont recommandées.

Création des supports pédagogiques de LSF

Tout enseignant concerné pense sans doute à la difficulté d'élaboration de ce support informatique (par manque de compétences techniques), ou bien à l'énorme préparation que cela risque de demander. Pour ceux ne maîtrisant pas l'informatique, il est indispensable de faire une très courte formation (deux journées au maximum), bien entendu en LSF, pour savoir créer des milliers de diaporamas. Quant à la préparation, après avoir maîtrisé l'élaboration d'un diaporama et établi en ébauche sur papier les objectifs des séances d'une séquence, il convient de dire que la durée de préparation oscille entre une heure et demie et trois heures pour un cours d'une heure, à condition que le locuteur signeur ait une bonne maîtrise de la LSF différée. Cette plage horaire est assez large selon la complexité du contenu d'une séance ou le nombre de vignettes vidéographiques à enregistrer pour un seul diaporama.

Heureusement, ce support pédagogique ne s'utilise pas qu'une seule fois. Il peut être utilisé sur plusieurs années. Par conséquent, le temps de préparation est considérable dans un premier temps, mais il sera graduellement réduit dans le temps et réinvesti au fur et à mesure des besoins.

Pour l'enseignant concerné, la différence de situation entre la profusion de manuels scolaires classiques et l'absence totale d'éditions concernant la LSF scolaire peut paraître pénalisante ; mais il est évident que cela provient du petit nombre d'enseignants utilisant la LSF numérique et du caractère tout récent de cette pédagogie. Des perspectives de mise à disposition de ces outils à partir du pôle ressources LSF national de Rouen sont à l'étude.

Opportunités de la LSF numérique

Depuis l'application de la loi du 11 février 2005 favorisant l'enseignement de LSF, le ministère de l'Éducation nationale[4] s'inscrit dans une démarche volontariste de développement de ressources pédagogiques en LSF. Actuellement, le site de ressources pédagogiques[5] de LSF, hébergé dans le site du Centre national de documentation pédagogique (CNDP), a pour vocation de montrer des exemples comme les fiches pédagogiques pour l'enseignement dans les premier et second degrés.

Par voie de conséquence, le support informatique en LSF différée peut être transféré ailleurs, notamment pour la correction au domicile de l'enseignant. Il permet également l'échange à distance entre enseignants, et donc l'enrichissement des séquences pédagogiques, alors que la LSF du face-à-face n'arrive pas à réaliser ces opportunités.

Le premier transfert concerne donc la correction des copies de LSF au domicile de l'enseignant. Soit dit en passant, le travail de correction semble laborieux : temps de visionnement sur les productions en LSF, temps de correction en LSF et notation.

Le deuxième transfert possible serait que la mutualisation des ressources pédagogiques se fasse au niveau national par le biais d'un site Internet collaboratif entre enseignants concernés en France métropolitaine et dans les académies d'outre-mer.

Un autre type de transfert paraît faisable : la création, à partir de ces ressources, d'un lycée ou d'un collège virtuel, ou la création, dans le cadre de formation ouverte à distance, de modules de formation de type *e-learning* avec le concours d'un enseignant à distance.

Cette évolution devrait permettre, en s'appuyant sur des ressources labellisées et des pôles de compétence reconnus, de développer dans toutes les académies des sections bilingues.

Il est important de souligner que, contrairement à l'idée reçue, le support informatique ne se substitue pas à la présence physique de l'enseignant. Il reste strictement un manuel scolaire numérique et ne comprend pas de séries de réponses enregistrées qui seraient réutilisables les années suivantes pour l'enseignant.

---

4. Notamment l'inspection générale de langues vivantes.
5. Site Internet : http://www.ressources-lsf.cndp.fr/.

Pour terminer cette partie, du point de vue linguistique, la LSF différée reste fidèle à la LSF en face-à-face grâce à la LSF numérique. Le débit, l'iconicité[6], les variations, l'intonation et le style dans l'expression signée sont quasi identiques dans ces deux modalités. Il en découle que la LSF numérique offre la même qualité de compréhension. Il convient de souligner que cette qualité est un atout par rapport aux langues majoritaires, qui possèdent deux aspects linguistiquement distincts entre l'oral et l'écrit.

Un exemple illustratif : utilisation d'une fiche pédagogique (second degré)

Approches pédagogiques

Le paragraphe suivant invite à prendre connaissance de la pédagogie souvent utilisée par l'auteur de l'article pour assurer l'enseignement de la LSF. Sa méthode se réfère à deux types de pédagogie : différenciée simultanée et différenciée successive. Cette méthode se distingue de la pédagogie traditionnelle de telle sorte que chacun peut travailler sur les supports qui lui conviennent, à son rythme, et au niveau qui est le sien.

La pédagogie différenciée simultanée consiste à proposer aux élèves plusieurs solutions pour apprendre, certaines basées sur le travail individuel et d'autres sur le travail en petits groupes avec des supports différents selon les modes d'apprentissage privilégiés des élèves.

Quant à la pédagogie différenciée successive, elle consiste à alterner les situations d'enseignement/apprentissage basées sur l'enseignement frontal participatif, l'animation de petits groupes, le travail individuel. Pour préciser le concept de pédagogie différenciée, on pourra se référer à des livres spécialisés comme les ouvrages de P. Meirieu[7] et de A. Rieunier[8].

De nos jours, ces types de pédagogie sont de plus en plus encouragés dans l'enseignement général. Or, justement, la LSF numérique est précisément

6. C. Cuxac, *La Langue des signes française (LSF), les voies de l'iconicité*, éditions Ophrys, Paris, 2000.

7. P. Meirieu, *L'École mode d'emploi, des méthodes actives à la pédagogie différenciée*, ESF, 1985. P. Meirieu, M. Guiraud, *L'École ou la Guerre civile*, Plon, 1997.

8. A. Rieunier, *Préparer un cours. 1. Applications pratiques*, ESF, 2000. *Préparer un cours. 2. Les stratégies pédagogiques efficaces*, ESF, 2001.

basée sur ces types de pédagogie spécifique et ne peut s'en passer. C'est ce qui explique que chaque élève travaille individuellement ou en petit groupe sur poste informatique et avance son travail à son rythme. Il est possible de faire une pédagogie individualisée avec le support informatique en choisissant préalablement des diaporamas.

Selon les propos d'A. Rieunier, préparer une leçon, c'est donc concevoir le scénario de la pièce de théâtre que l'enseignant compte jouer avec ses élèves, définir le plan de cette leçon, et construire ensuite les situations qui provoqueront les comportements attendus.

La procédure de préparation d'une leçon réalisée par l'auteur de cet article s'appuie sur la démarche proposée par A. Rieunier. Il ne serait pas raisonnable d'expliciter ici cette démarche pour laquelle tout enseignant intéressé peut se reporter aux excellents ouvrages cités précédemment.

Finalité et objectifs de la séquence pédagogique présentée

Il n'est pas évident de choisir une fiche parmi toutes les séquences pédagogiques des niveaux de l'enseignement de second degré pour faire ici un commentaire méthodologique. Cependant, la structure méthodologique est plus ou moins identique dans chaque séquence pédagogique. Nous avons opté pour la fiche du cycle central (cinquième et quatrième) qui porte sur la situation d'énonciation d'un enregistrement signé. Des compétences concernant cette fiche s'inscrivent dans le *BOEN* du 17 juillet 2009 relatif au programme de LSF au collège. Selon ces compétences, concernant la narration, l'élève doit être capable :

– d'identifier les différentes situations d'énonciation ;

– d'analyser les situations en précisant leurs caractéristiques (quand, où, comment se passe l'action ? Qui communique avec qui ?) ;

– de repérer des lacunes ou des ellipses volontaires, des retours en arrière ou des discontinuités dans la chronologie.

Il est bon de savoir que la LSF fonctionne sans le système de la conjugaison qui permet de connaître les différents temps dans un récit. En revanche, elle a un lexique concernant la temporalité. Acquérir les compétences ci-dessus permet à l'élève de bien distinguer les temps des passages d'un enregistrement signé sans utilisation du lexique temporel.

Bien entendu, à ces compétences s'ajoutent d'autres compétences comme objectifs intermédiaires dans la même séquence pédagogique : l'expression dans la communication en face-à-face et en interaction, l'expression concernant la LSF différée, la compréhension de documents enregistrés signés, l'analyse grammaticale et l'enrichissement lexical.

Avant d'entamer cette séquence, il est indispensable que les élèves aient des prérequis : la temporalité en lexique, les caractéristiques de la situation d'énonciation, les discours rapportés, les formes de discours et les quatre principales grandes catégories des structures de grande iconicité[9].

La séquence pédagogique concernée comporte quatre séances de durée variable. En général, comme les autres disciplines, elle dure trois ou quatre semaines. Elle comprend donc une évaluation finale. Elle s'appuie sur la pédagogie différenciée successive.

Forme de la fiche pédagogique concernée

Dans la présentation de la fiche pédagogique ci-dessous, des commentaires se suivent après chaque séance sous forme de tableau pour permettre une certaine clarté. Dans chaque tableau, les lignes successives forment le déroulement chronologique. Quant aux colonnes, elles amènent à connaître le dispositif d'apprentissage et les activités de l'élève et l'enseignant. Les commentaires après chaque tableau permettent de comprendre les stratégies d'apprentissage. Dans la colonne intitulée « déroulement », les numéros de diaporama sont invisibles. Par contre, les numéros de question sont affichés sur l'écran.

Les diaporamas correspondant aux questions numérotées ne sont pas imprimés ici, car les vignettes vidéographiques ne se lisent pas logiquement sur papier ; cela augmenterait le nombre de feuilles sans utilité réelle. Pour un simple lecteur, il pourrait être difficile de comprendre les questions proposées par l'enseignant à l'élève sans connaître le contenu des divers enregistrements signés. Il n'est pas raisonnable de les traduire littéralement ici. En compensation, le support informatique relatif à ladite fiche est téléchargeable sur le site Internet dédié aux ressources pédagogiques du CDNP[10].

9. Voir l'ouvrage de C. Cuxac, *La Langue des signes française (LSF), les voies de l'iconicité*, éditions Ophrys, Paris, 2000.

10. Site Internet : http://www.ressources-lsf.cndp.fr/

Contenu de la fiche pédagogique concernée

Séance n° 1. La première séance a pour objectif de rappeler les caractéristiques de la situation d'énonciation et de faire découvrir en petits groupes deux situations d'énonciation d'un enregistrement signé. Sa durée à titre indicatif est d'une heure et demie.

Déroulement séance n° 1	Support de l'activité et dispositifd'apprentissage	Activité de l'élève	Activité de l'enseignant
Diaporama n° 2 Question n° 1	Questionnement et échanges en LSF du face-à-face	Révise le lexique : narrateur, personnage, émetteur, récepteur et énoncé (termes en LSF déjà vus en sixième)	Questionne les élèves en vérifiant leur rappel
Diaporama n° 3	Rappel	Se rappelle la situation d'énonciation en cycle d'adaptation	Aide les élèves à s'en rappeler si besoin
Diaporama n° 4 Question n° 2	Observation sur l'enregistrement signé *La Caractéristique du renard* (vidéo n° 1)	Visionne et en relève collectivement des personnages en LSF du face-à-face	Questionne : « Quels personnages sont-ils dans l'histoire ? »
Diaporama n° 5 Question n° 3	Exercice de grammaire sur l'enregistrement signé (vidéo n° 1)	Souligne collectivement des énoncés en discours rapporté sur ordinateur et les montre à l'enseignant	Donne la consigne « Soulignez des énoncés en discours rapporté » et vérifie puis valide la sélection des groupes.
Diaporama n° 6 Question n° 4	Exercice de grammaire sur l'enregistrement signé (vidéo n° 1)	Souligne collectivement sur ordinateur des clauses (groupes de signes) concernant la prise de rôle et la non-prise de rôle	Donne la consigne « Soulignez la prise de rôle et la non prise de rôle ». Vérifie et valide la sélection des groupes
Diaporama n° 7 Question n° 5	Observation sur l'enregistrement signé (vidéo n° 1)	Échange avec le groupe et répond collectivement en LSF en face-à-face	Questionne : « Ces trois extraits de vidéo ont-ils le même émetteur ? Ont-ils le même récepteur ? Si oui, lesquels ? »

Déroulement séance n° 1	Support de l'activité et dispositif d'apprentissage	Activité de l'élève	Activité de l'enseignant
Diaporama n° 8	Leçon	Retient la leçon « Deux émetteurs différents, donc deux situations d'énonciation »	Explique sur deux situations d'énonciation d'une histoire où il y a deux émetteurs et récepteurs distincts

Le diaporama n° 1 affiche le titre du chapitre (« Situation d'énonciation ») en LSF. L'enseignant répartit les élèves en petits groupes (deux ou trois selon le nombre pair ou impair) pour toute la durée de la séance. Donc, chaque groupe est seul devant le poste informatique.

La question n° 1 a pour but de faire se rappeler les principales caractéristiques de la situation d'énonciation dans les échanges entre les élèves dans la LSF directe. L'enseignant anime ces échanges jusqu'à ce que les concepts concernés semblent clairs pour les élèves. Puis le diaporama n° 3 reprend la leçon concernant les définitions de ces signes-clés en cycle d'adaptation. Ce diaporama est fortement utile pour la révision à la maison.

Dans le diaporama n° 4, l'analyse se fait en sélectionnant les personnages d'une courte histoire d'une minute. Ce travail sert uniquement à comprendre l'histoire. Ceci permet d'approfondir l'analyse grammaticale dans le diaporama suivant, qui demande de relever des énoncés en discours rapporté. Le travail de segmentation se fait sur ordinateur. Chez certains élèves, le relevé semble confus. Ce travail est déjà entamé en sixième et s'étale sur deux ans pour faire acquérir cette compétence à ces élèves. Il faut garder à l'esprit que, dans un cours de français, on ne peut relever les énoncés en discours rapporté sans utiliser des marqueurs typographiques comme les guillemets ou les tirets. Or la LSF en est dépourvue.

Ensuite, le diaporama n° 5 de grammaire fait travailler la grande et principale catégorie des structures de grande iconicité (SGI) : il s'agit d'approfondir le transfert de personne. Dans l'histoire proposée, il y a une autre catégorie grammaticale, celle des signes lexicalisés lorsque le locuteur signeur ne joue pas le rôle d'un personnage.

Dans les deux derniers diaporamas, l'enseignant valide les résultats des groupes d'élèves sur leur poste.

À partir de la distinction de ces deux catégories, dans le diaporama comportant déjà trois vignettes identiques aux groupes de signes déjà sélectionnés par les élèves dans le précédent diaporama, ceux-ci sont amenés à trouver une signification approximative de cette distinction sous l'animation de l'enseignant. Ce travail permet à l'enseignant d'activer l'élève, de le renforcer positivement, de lui faire connaître très rapidement les résultats de son activité.

Finalement, l'enseignant en fait le résumé suivant : il y a deux émetteurs et deux récepteurs distincts dans cette histoire où l'expression est signée par le même locuteur. Par conséquent, il y a deux situations d'énonciation. Cette explication se fait en LSF directe et se poursuit dans le diaporama n° 8, qui doit être ultérieurement révisé (ce qui est indiqué par la couleur blanche du fond).

Séance n° 2. La deuxième séance a pour objet de faire observer en petits groupes deux situations d'énonciation dans une histoire, notamment les principaux éléments de distinction. Sa durée indicative est d'une heure.

Déroulement séance n° 2	Support de l'activité et dispositif d'apprentissage	Activité de l'élève	Activité de l'enseignant
Diaporama n° 9 Question n° 6	Observation sur ces deux extraits de la vidéo n° 1 concernant la première situation d'énonciation	Échange avec le groupe et répond collectivement en LSF directe	Questionne : « Si l'on enlève un des extraits de la vidéo n° 1, les lecteurs peuvent-ils comprendre l'histoire ? »
Diaporama n° 10 Question n° 7	Observation sur l'extrait de la vidéo n° 1 concernant l'émetteur de la première situation d'énonciation	Échange avec le groupe et répond collectivement en LSF directe	Questionne : « Dans cet extrait, il y a deux parties distinctes. Expliquez quelle distinction. »
Diaporama n° 11	Leçon et exemples de l'enregistrement signé (vidéo n° 1)	Retient la leçon	Explique à propos de la première situation d'énonciation : « Il y a trois types d'énonciation de l'émetteur dans la non-prise de rôle. »
Diaporama n° 12 Question n° 8	Observation sur l'enregistrement signé (vidéo n° 1)	Échange avec le groupe et répond collectivement en LSF directe	Questionne : « Quelle temporalité de l'histoire est-elle ? Quels marqueurs du temps ? »

Déroulement séance n° 2	Support de l'activité et dispositif d'apprentissage	Activité de l'élève	Activité de l'enseignant
Diaporama n° 13 Question n° 9	Observation sur l'enregistrement signé (vidéo n° 1)	Échange avec le groupe et répond collectivement en LSF directe	Questionne : « Quelle temporalité concerne la première situation d'énonciation ? »
Diaporama n° 14	Leçon	Retient la leçon	Explique : « Deux temps différents entre deux situations d'énonciation. »
Diaporama n° 15 Question n° 10	Observation sur l'enregistrement signé (vidéo n° 1)	Échange avec le groupe et répond collectivement en LSF directe	Questionne : « Le lieu est-il identique entre les deux situations d'énonciation ? »
Diaporama n° 16	Leçon	Retient la leçon	Explique : « Deux lieux sont différents entre deux situations d'énonciation. »
Diaporama n° 17	Leçon	Retient la leçon	Explique : « Pour distinguer deux situations d'énonciation, il faut décomposer la situation d'énonciation : l'émetteur, le récepteur, le temps et le lieu. »

La question n° 6 concerne la première situation d'énonciation (en catégorie de signes lexicalisés, non prise de rôle). Les élèves sont conduits à réfléchir pour savoir si la suppression d'une présentation de l'histoire ou d'une remarque en aparté sur le caractère d'un des personnages peut entraîner l'incompréhension du lecteur inconnu.

Le diaporama suivant fait analyser la même situation d'énonciation pour y trouver deux types d'énonciation. En comparaison avec le français écrit, la présentation de deux paragraphes séparés par un saut de ligne a pour fonction de marquer deux idées essentielles. En LSF, il semble très difficile d'en distinguer dans une expression qui se déroule en continu. C'est pourquoi il faut entraîner en permanence les élèves à prendre du recul pour globaliser des propos en idées essentielles.

Les échanges avec les élèves conduisent à dégager trois types d'énonciation dans la principale catégorie des signes lexicalisés. En termes linguistiques, on appelle cela « la visée non illustrative ». Les autres catégories principales représentent la visée illustrative. Ces types d'énonciation sont la présentation du titre, l'introduction de l'histoire et les « apartés », et sont retenus dans le diaporama n° 11.

En ce qui concerne la temporalité, à partir du diaporama n° 12, les élèves sont amenés à trouver un temps dominant de l'histoire et à relever des marqueurs de temporalité. L'histoire concernée n'a que deux marqueurs de temporalité (IL ÉTAIT UNE FOIS et SOLEIL SE LEVER). Ensuite, avec le diaporama n° 13, le temps sur la première situation d'énonciation, où la présentation du titre est évoquée, est à connaître. Le locuteur signeur qui narre l'histoire est lui-même enseignant. Il est donc émetteur. Dans la première situation d'énonciation, il endosse le rôle du narrateur qui est indépendant de l'auteur de l'histoire. Étant narrateur, la présentation du titre, l'introduction et les « apartés » sont évoqués. Dans la deuxième situation d'énonciation, il devient acteur sur scène. Il prend les rôles des différents protagonistes. Par conséquent, le travail de l'élève est de repérer ces changements parfois rapides dans la continuité de l'expression signée à un débit normal. Le diaporama n° 14 montre ce qui est validé après tout échange avec les élèves qui ont puisé leurs hypothèses dans l'analyse. Il convient de garder à l'esprit que le raisonnement par analogie est une stratégie efficace pour provoquer l'apprentissage.

Enfin, la dernière caractéristique principale de la situation d'énonciation est le lieu. Le diaporama suivant propose de trouver des lieux correspondant aux deux différentes situations d'énonciation. Dans la première situation d'énonciation, le locuteur signeur, en tant que narrateur, se trouve dans l'endroit où il est filmé, et dans la deuxième situation d'énonciation, il se trouve dans le lieu où les personnages de l'histoire passent. Le diaporama qui suit fait retenir cette caractéristique en général pour toute histoire.

Après avoir fait synthétiser tout ce qui vient d'être appris par les élèves, le diaporama trace cette synthèse. Ce que l'on appelle la synthèse des productions élèves (SPE).

Cette séance induit l'abstraction réfléchissante, qui dépend de l'activité de métacognition. Ceci est le moyen le plus efficace de créer les schèmes d'action performants. De plus, les deux séances précédentes provoquent la situation d'enseignement-apprentissage.

Dans les deux séances, le travail en petites équipes est un bon moteur pour apprendre à l'élève à argumenter. Bien entendu, tout au long de ce travail, l'enseignant veille à ce que la discussion dans chaque équipe soit constructive.

Séance n° 3. La troisième séance a pour but de faire repérer la distinction entre plusieurs situations d'énonciation dans d'autres enregistrements signés par des exercices à titre individuel en classe et un travail personnel à la maison. Sa durée indicative est de deux heures.

Déroulement séance n° 3	Support de l'activité et dispositif d'apprentissage	Activité de l'élève	Activité de l'enseignant
Diaporama n° 18 Question n° 11	Observation sur l'enregistrement signé *11 septembre 2001* (vidéo n° 2)	Trouve le nombre de situations et segmente ces situations sur ordinateur	Questionne : « Combien de situations distinctes dans cette histoire ? » et donne la consigne « segmenter ces situations »
Diaporama n° 19 Question n° 12	Observation sur l'enregistrement signé (vidéo n° 2)	Souligne collectivement des énoncés sur ordinateur et les montre à l'enseignant, puis répond en LSF différée	Donne la consigne : « Soulignez des énoncés ». Questionne : « Qui est l'émetteur et qui est le récepteur sur le premier énoncé ? » Vérifie et valide la sélection de chaque élève
Diaporama n° 20 Question n° 13 (à la maison)	Observation sur l'enregistrement signé (vidéo n° 2)	Répond en LSF différée	Questionne : « La présentation de cette histoire est-elle évoquée dans l'enregistrement signé ? »
Diaporama n° 21 Question n° 14 (à la maison)	Expression	Enregistre un titre	Donne la consigne : « Proposez un titre en quelques signes (conseil : trois signes au maximum) »
Diaporama n° 22 Question n° 15 (à la maison)	Observation sur l'enregistrement signé (vidéo n° 2)	Souligne sur ordinateur des clauses concernant la prise de rôle et la non-prise de rôle et les montre à l'enseignant	Donne la consigne : « Soulignez la prise de rôle et la non-prise de rôle » Vérifie et valide la sélection de chaque élève
Diaporama n° 23 Question n° 16	Observation sur la réponse précédente	Répond en LSF en face-à-face	Questionne : « Le changement entre la prise de rôle et la non-prise entraîne-t-il le changement de situation d'énonciation ? »

Déroulement séance n° 3	Support de l'activité et dispositif d'apprentissage	Activité de l'élève	Activité de l'enseignant
Diaporama n° 24	Leçon	Retient la leçon	Explique : « Le changement entre la prise de rôle et la non-prise est indépendant de la situation d'énonciation »
Diaporama n° 25 Question n° 17	Exercice de grammaire sur l'enregistrement signé (vidéo n° 3)	Segmente les trois principales catégories de LSF	Donne la consigne : « Segmentez les transferts de personne, de situation, et de taille et forme »
Diaporama n° 26 Question n° 18	Exercice de grammaire sur l'enregistrement signé (vidéo n° 3)	Souligne des énoncés sur ordinateur, sinon répond en LSF différée	Questionne : « Soulignez des énoncés s'il y a lieu »
Diaporama n° 27 Question n° 19	Connaissance et observation sur l'enregistrement signé (vidéo n° 3)	Relève des éléments justifiant le nom du lieu en LSF différée	Questionne : « L'histoire se passait sur quelle ville ? » Donne la consigne « relever des éléments confirmant la réponse »
Diaporama n° 28 Question n° 20	Expression sur l'enregistrement signé (vidéo n° 3)	Propose un titre en LSF différée	Donne la consigne : « Proposez un titre en quelques signes (conseil : trois signes au maximum) » Valide la cohérence du titre

La couleur de fond noire informe l'élève du travail individuel à fournir. Ses productions se font alors en LSF différée. Une icône du diaporama n° 18 informe que l'enregistrement signé relate une histoire réelle liée à la culture sourde. Sans cette icône, le récit serait caractérisé comme imaginaire. L'autre icône marque la nécessité de faire appel au logiciel de séquenciation pour souligner des groupes de signes dits « clauses [11] ». Les quatre premiers diaporamas de la troisième séance montrent le même enregistrement signé. Ils reprennent les mêmes questions de la première séance, car les réponses sont désormais à titre individuel afin que l'enseignant puisse mieux cibler le niveau d'apprentissage de l'élève.

Le diaporama n° 21 encourage l'élève à trouver un titre cohérent en LSF sur l'enregistrement signé, ce qui favorise la prise de recul.

11. On pourrait dire que les clauses ressemblent aux phrases du français écrit.

Ensuite, le diaporama n° 22 fait séquencer le transfert de personne. Cet exercice a pour but de piéger l'élève, en le confrontant à la situation suivante : le fait de distinguer les clauses « non-transfert de personne » et « transfert de personne » permet-il de distinguer deux situations d'énonciation différentes ? Sur le plan de la stratégie pédagogique, il faut mettre l'élève en situation de déséquilibre, donc commencer la leçon en posant un problème. Il faut que ce problème ait du sens pour l'élève. En bref, la distinction entre le transfert et le non-transfert de personne ne fait pas deux situations d'énonciation distinctes. Cela s'explique par les autres transferts de taille et de forme, et de situation[12]. Le dernier diaporama expose cette explication.

Les diaporamas numérotés de 20 à 22 affichent une icône qui indique un travail personnel à la maison. Les élèves font alors ces exercices par le moyen de leur cahier numérique.

Cette séance fait travailler sur la LSF différée. L'enseignant valide les productions enregistrées en LSF des élèves. Il demande si nécessaire de les refaire afin que tout lecteur inconnu puisse les comprendre.

Séance n° 4. Enfin, la dernière séance augmente le degré de difficulté par le nombre de situations d'énonciation d'autres enregistrements signés. Sa durée indicative est de deux heures.

Déroulement séance n° 4	Support de l'activité et dispositif d'apprentissage	Activité de l'élève	Activité de l'enseignant
Diaporama n° 29 Question n° 21 (à la maison)	Observation sur l'enregistrement signé *Histoire du Père Noël* de WebSourd (vidéo n° 4)	Répond en LSF différée	Questionne : « De quelle forme de discours de l'enregistrement signé s'agit-il ? »
Diaporama n° 30 Question n° 22 (à la maison)	Expression sur l'enregistrement signé (vidéo n° 4)	Enregistre un titre	Donne la consigne « Proposer un titre en quelques signes (trois signes au maximum) » Valide la cohérence du titre

12. Pour mieux comprendre les différents transferts, se reporter à l'ouvrage de C. Cuxac *La Langue des signes française (LSF), les voies de l'iconicité*, éditions Ophrys, Paris, 2000.

Déroulement séance n° 4	Support de l'activité et dispositif d'apprentissage	Activité de l'élève	Activité de l'enseignant
Diaporama n° 31 Question n° 23 (à la maison)	Observation sur l'enregistrement signé (vidéo n° 4)	Trouve le nombre de situations et segmente ces situations sur ordinateur	Questionne : « Combien de situations distinctes dans cette histoire ? » et donne la consigne « segmenter ces situations »
Diaporama n° 32 Question n° 24	Observation sur l'enregistrement signé *Fils puni* (vidéo n° 5)	Trouve le nombre de situations en face-à-face et segmente ces situations sur ordinateur	Questionne : « Combien de situations distinctes dans cette histoire ? » et donne la consigne « segmenter ces situations »
Diaporama n° 33 Question n° 25	Observation sur l'enregistrement signé (vidéo n° 5)	Répond en LSF différée	Questionne : « Trouvez à chaque situation d'énonciation l'émetteur, le récepteur, le temps et le lieu »
Diaporama n° 34 Question n° 26	Exercice de grammaire sur l'enregistrement signé (vidéo n° 5)	Range les situations d'énonciation dans l'ordre chronologique en situation réelle	Donne la consigne « ordonner ces situations d'énonciation dans l'ordre chronologique en situation réelle »
Diaporama n° 35 Question n° 27 (à la maison)	Expression	Enregistre trois situations d'énonciation	Donne la consigne « créer trois situations d'énonciation différentes à partir de ce même énoncé »
Diaporama n° 36 Question n° 28 (à la maison)	Expression	Enregistre une histoire	Donne la consigne « créer une histoire avec ces conditions : deux situations d'énonciation, le thème portant sur les vacances et l'énoncé signé [SE REPOSER] »

Dans le diaporama n° 29, l'élève doit caractériser une des formes de discours dominante du document vidéographique didactisé auquel il donne ensuite un titre dans le diaporama n° 30. Ce travail suscite une compréhension approfondie du document. Ensuite, l'élève segmente les différentes situations d'énonciation. Ces exercices se font à la maison, ce qui permet à l'enseignant d'évaluer l'autonomie de l'élève dans son travail personnel.

Les diaporamas n° 32 à 34 reprennent le même type de questionnement sur l'enregistrement signé ayant trois situations d'énonciation. À cela s'ajoute le travail sur l'ordre chronologique des situations d'énonciation en temps réel.

L'analyse sur les différents enregistrements signés se fait jusqu'au diaporama n° 35. Après avoir plus ou moins acquis la notion de distinction entre les situations d'énonciation, l'élève doit créer une histoire avec plusieurs situations d'énonciation à condition qu'un énoncé en discours rapporté proposé soit évoqué dans sa production signée. Cela permet à l'enseignant de vérifier la compréhension de la leçon.

Entre les séances, en classe, les élèves sont individuellement interrogés en LSF directe pour prouver leur compréhension. Parfois, ils sont notés par surprise. Il est possible de faire une courte interrogation à noter en LSF différée.

Évaluation finale. L'évaluation est indispensable pour « mesurer » le travail de l'élève tout au long de la séquence, qui sera noté sur vingt. Chaque question porte un nombre de points affichés sur diaporama, ce qui permet à l'élève d'évaluer le degré d'importance de la question. C'est une sorte d'auto-évaluation après avoir tout fait.

Déroulement séance n° 5	Questionnement	Valeur	Activité de l'élève
Diaporama n° 38 Question n° 1	Qu'est-ce qu'une situation d'énonciation ?	1,5 point	Donne une signification en LSF différée avec possibilité d'ajouter un exemple
Diaporama n° 39 Question n° 2	Est-il exact de distinguer les deux situations d'énonciation par le non-transfert et le transfert de personne ? Justifier et donner un exemple.	2 points	Répond et justifie en LSF différée
Diaporama n° 40 Question n° 3	Le temps est-il lié à la situation d'énonciation ? Expliquer avec un exemple	2 points	Répond et explique en LSF différée

Déroulement séance n° 5	Questionnement	Valeur	Activité de l'élève
Diaporama n° 41 Question n° 4	Combien de situations distinctes se trouvent dans l'enregistrement signé *11 septembre 2001* (vidéo n° 1) ? Segmenter ces situations	3 points	Répond sur le nombre de situations et segmente les différentes situations en les nommant, les numéros chronologiques et les lettres se reportant à la situation concernée
Diaporama n° 42 Question n° 5	De quelle forme de discours s'agit-il dans cet enregistrement signé n° 1 ?	1,5 point	Visionne et trouve une des formes de discours et l'enregistre en LSF
Diaporama n° 43 Question n° 6	Souligner des énoncés du même enregistrement s'il y a lieu	2,5 points	Séquence par ordinateur les énoncés et les enregistre
Diaporama n° 44 Question n° 7	Trouver dans l'enregistrement signé n° 1 une clause se rapportant à chaque grande catégorie principale de la LSF	2 points	Séquence par ordinateur les clauses correspondantes
Diaporama n° 45 Question n° 8	Proposer un titre cohérent à l'enregistrement signé n° 1 autre que *11 septembre 2001*	1,5 point	Signe un titre en l'enregistrant
Diaporama n° 46 Question n° 9	Le téléspectateur regarde à la télé l'immeuble qui s'écroule, en temps réel ou en temps différé ? Justifier	1,5 point	Analyse les temps dans les différentes situations d'énonciation pour en tirer une réponse
Diaporama n° 47 Question n° 10	Créer une histoire avec ces conditions : deux situations d'énonciation, les transferts, la durée d'expression et un énoncé en discours rapporté	2,5 points	Enregistre son histoire

L'évaluation comporte trois parties : des questions liées à la leçon, une partie pour vérifier compréhension et analyse et une partie production. Le sous-total de points à chaque partie doit être plus ou moins équilibré. L'évaluation reprend les types de questionnement tout au long de la séquence.

Sur l'évaluation concernée, la première partie porte sur les questions numérotées de 1 à 3. La deuxième rassemble les questions numérotées de 4 à 9 sauf la n° 8. Donc, la dernière partie concerne les questions n° 8 et 10.

Bien entendu, dans la production pour chaque question, la qualité d'expression, l'organisation, la clarté et la cohérence de la réponse sont à chiffrer (attribution de points).

Il est possible que l'élève ne réponde pas à toutes les questions comme pour les autres évaluations disciplinaires. La durée de cette évaluation est d'une heure et demie.

Dans cette évaluation, l'élève produit une quinzaine de vidéos. Le temps de correction pour l'enseignant semble considérable quand il n'a que dix élèves sourds. Mathématiquement, cent cinquante vidéos de petite durée (entre trente secondes et deux minutes) sont à visionner. Dans la moyenne, la durée est d'environ une minute, soit cent cinquante minutes de lecture, donc deux heures et demie, sans compter le temps de correction en LSF. En somme, une bonne demi-journée est consacrée à la correction.

Après correction, les copies en fichier informatique vont être rendues aux élèves pressés ou angoissés. Ceux-ci corrigent ensuite les productions où il est mentionné « à corriger », en explicitant leurs erreurs en LSF différée ou directe. Il est possible que l'enseignant montre une excellente production par vidéoprojecteur à la classe. Rarement, cette production devient document authentique avec autorisation parentale pour le support pédagogique à venir.

Pour tout enseignant concerné, il est important de souligner que la préparation d'une leçon de LSF est une étape très importante pour garantir la réussite du déroulement pédagogique dans de bonnes conditions d'apprentissage.

Jean-Louis Brugeille
Enseignant sourd de LSF,
professeur certifié enseignant de LSF
au collège André-Malraux à Ramonville-Saint-Agne
et au lycée Bellevue à Toulouse, académie de Toulouse.

1. Franc, sincère, ouvert, confiant, etc. - 2. Faux, menteur. - 3. Instruit, savant, comprendre. - 4. Ignorant, bête, imbécile. - 5. Prudent (pensée dirigeante). - 6. Imprudent (pensée à la dérive). - 7. Sensé (pensée calme, pesée). - 8. Fou, insensé. - 9. Appliqué, assidu. - 10. Distrait, léger. - 11. Bien, bon. - 12. Mauvais, méchant (au moral comme au physique). - 13. Silence, chut, silencieux. - 14. Bavard. - 15. Calme. - 16. Jaloux, envieux. - 17. Humble, modeste. - 18. Vaniteux, orgueilleux. - 19. A. Sobre; B. Gourmand. - 20. Sauvage, idiot, grossier.

Abbé Lambert : *Le langage de la physionomie et du geste.*
Paris, Jacques Lecoffre, 1865. Planche VII.

CHAPITRE VI

Construction des « pôles LSF »

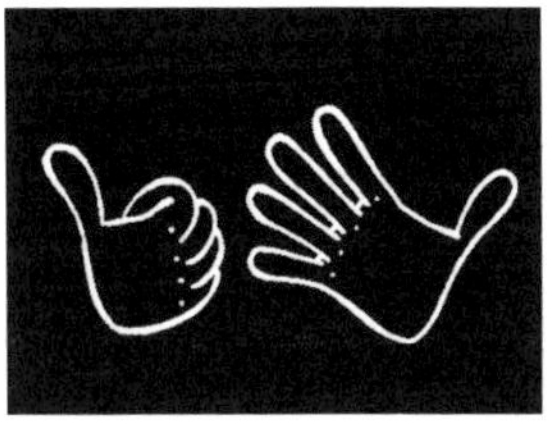

Puis ma mère nous rejoint à Vincennes. Elle va sortir, elle aussi, du tunnel dans lequel on a enfermé mes parents à ma naissance en leur donnant de fausses informations et de faux espoirs. Choc pour ma mère. Lieu de rencontres de sourds. Lieu de vie, de création, d'enseignement pour les sourds. Lieu de rencontres avec des parents englués dans les mêmes difficultés, avec des professionnels de la surdité, qui remettent en cause les informations et les pratiques du corps médical. Car eux ont décidé d'enseigner une langue. La langue des signes. Pas un code, pas un jargon ; non, une vraie langue.

Emmanuelle Laborit
Le Cri de la mouette, chapitre XV.

Texte de cadrage

C'est à la rentrée 2008 que les programmes de LSF à l'école primaire ont été appliqués, dans un cadre réglementaire précis : circulaire adressée par la DGESCO aux recteurs d'académie en date du 4 septembre 2008 concernant l'organisation de l'enseignement à la rentrée 2008 (circulaire n° 2008-109 du 21 août 2008).

Il s'agit pour les autorités académiques compétentes de recueillir auprès des MDPH la liste des élèves du département dont les parents ont fait (ou sont susceptibles de faire) le choix d'un mode de communication bilingue. Puis d'établir la carte des « pôles ressources en LSF » où cet enseignement pourra être dispensé.

Un pôle ressource est défini par un ensemble articulé d'établissements scolaires des premier et second degrés dans un secteur géographique limité, incluant nécessairement un lycée professionnel, et au sein desquels des dispositions sont prises afin que les élèves sourds dont les parents ont fait le choix

du mode de communication bilingue puissent réellement voir mis en œuvre ce choix. Le nombre et les lieux des pôles ressources dans l'académie sont déterminés selon une répartition harmonieuse qui tient compte notamment des critères suivants :
- caractéristiques de la population scolaire concernée : nombre d'élèves sourds dont les familles ont fait ce choix, répartition de ces élèves par niveaux scolaires, répartition géographique de cette population dans l'académie, etc. ;
- caractéristiques géographiques de l'académie : distances, densité des établissements scolaires, zones d'enclavement, etc. ;
- disponibilité de la ressource humaine pour cet enseignement selon les critères énoncés ci-dessus ;
- capacité à mobiliser le CRDP afin de déployer tout moyen TICE susceptible de favoriser, quand c'est possible, une liaison directe entre un élève sourd et un enseignant de LSF situé à un autre endroit.

Mise en œuvre académique et maillage territorial

Une douzaine d'académies ont commencé à mettre en œuvre les directives de la DGESCO. Une enquête rapide a été réalisée en juin 2009. Elle a permis de tirer les premières conclusions.

Les demandes de l'enquête expresse adressée aux IEN-ASH portaient sur :
- le lieu d'implantation du pôle ;
- le nombre d'élèves sourds concernés (prévisions) ;
- les personnes ressources (enseignants) ;
- les AVS ;
- les interprètes ;
- les horaires d'enseignement envisagés ;
- la présence ou pas d'un internat.

Lieu d'implantation du pôle

Conformément aux termes de la circulaire, le lieu choisi est celui où les établissements scolarisent le plus d'élèves sourds en milieu ordinaire. Il peut être aussi conditionné par la présence d'une UPI, s'implanter dans une « cité scolaire », qui a l'avantage de regrouper divers niveaux d'enseignement et de filières dans un périmètre géographique restreint, ou s'implanter dans un bassin où un groupe de professeurs des écoles a su créer une synergie particulière. Le lien avec une association de sourds proche et la présence d'un internat pour accueillir ces jeunes sont aussi des facteurs décisifs.

Nombre d'élèves concernés

Il varie selon les académies, avec des pics élevés lorsqu'il s'agit de « classes délocalisées » dans lesquelles se rendent des enseignants rattachés à des instituts de jeunes sourds.

La variation quantitative reflète aussi l'ancienneté de l'ouverture du « pôle » : pour les deux académies de Poitiers et de Toulouse, le nombre d'élèves est élevé. Des « parcours bilingues » se sont implantés ici il y a plus de vingt ans, avec la forte implication d'une association de sourds. Ceci a créé un environnement favorable et une culture du bilinguisme qui s'est révélée fort attractive à une époque où l'Éducation nationale n'était pas impliquée comme aujourd'hui.

Les enseignants

Ils peuvent venir d'associations. Ce sont alors des enseignants sourds qui sont recrutés par la voie contractuelle. Ils apportent la caution de l'authenticité de la langue (LSF).

Ce sont aussi des professeurs de l'Éducation nationale, entendants, professeurs des écoles ou professeurs certifiés enseignant en collège et en lycée, ayant des compétences en LSF. Ils ont vocation à enseigner leur discipline en LSF.

L'association d'enseignants sourds et de professeurs entendants est bénéfique au dispositif : ensemble, ils assurent une sorte de formation continue qui est complémentaire dans les domaines linguistique et pédagogique.

La majorité des professeurs des écoles concernés a passé le CAPA-SH option A ; et certains professeurs entendants le 2CA-SH, option A.

Pour ces deux catégories concernées, une évaluation de leurs compétences pédagogiques et linguistiques est prévue.

Les AVS

Leur nombre est variable d'une académie à l'autre.

Les interprètes

Leur présence est clairement fonction des possibilités de financement ou de la présence d'un service d'interprétariat (SAFEP, SSEFIS).

Une académie fait appel à deux « interfaces de communication » pour le collège. Une autre bénéficie d'un budget d'interprétariat important pris en charge par la mairie pour la relation école-famille et par l'inspection académique pour toutes les situations de communication avec les AVS.

Les horaires d'enseignement

Une distinction est faite entre enseignement *de* la LSF et enseignement *en* LSF. Pour le premier, une moyenne de deux heures hebdomadaires semble se dégager. Pour le second, la présence ou pas de personnes ressources est un élément déterminant. La DGESCO a lancé une grande enquête de recensement de toutes ces personnes sur les territoires académiques. Les premières remontées (mi-novembre 2009) sont encourageantes.

On voit aussi que les services académiques attribuent parfois de deux à trois heures hebdomadaires d'enseignement de la LSF dans les lycées où un nombre important d'élèves (sourds et entendants) envisage de se présenter à l'option LSF au baccalauréat.

L'horaire est parfois globalisé, annualisé. À charge pour les établissements scolaires d'en faire le meilleur usage, en fonction du nombre d'élèves, de leur répartition par cycles et des personnes ressources.

Présence d'un internat

Celui-ci est un facteur très attractif non seulement pour les familles du département, mais, à moyen et long terme, pour celles de l'académie.

La question du transport des élèves se pose, notamment pour les tout-petits. L'investissement du conseil régional est bien réel.

Un pôle LSF innovant et unique est en cours de construction dans l'académie de Rouen (pôle LSF premier dégré, second degré et post-bac avec ici vocation nationale. En plus du parcours de scolarisation dans le cadre du bilinguisme défini par la loi (langue des signes et français écrit) à l'école maternelle, à l'école primaire et au lycée d'enseignement général et technologique, ce pôle poursuit le parcours au niveau postbac. Des étudiants sourds pourront y suivre leur formation supérieure en préparant un BTS (la carte d'offres sera celle de l'académie élargie à tout BTS par recours aux cours du CNED) ou en intégrant une CPGE scientifique. Une année de remise à niveau est aussi à l'étude, notamment pour conforter l'usage du français écrit.

PÔLE RESSOURCES LSF
ACADÉMIQUE ET NATIONAL

académie Rouen

MINISTÈRE DE
L'ÉDUCATION NATIONALE

MINISTÈRE DE
L'ENSEIGNEMENT SUPÉRIEUR
ET DE LA RECHERCHE

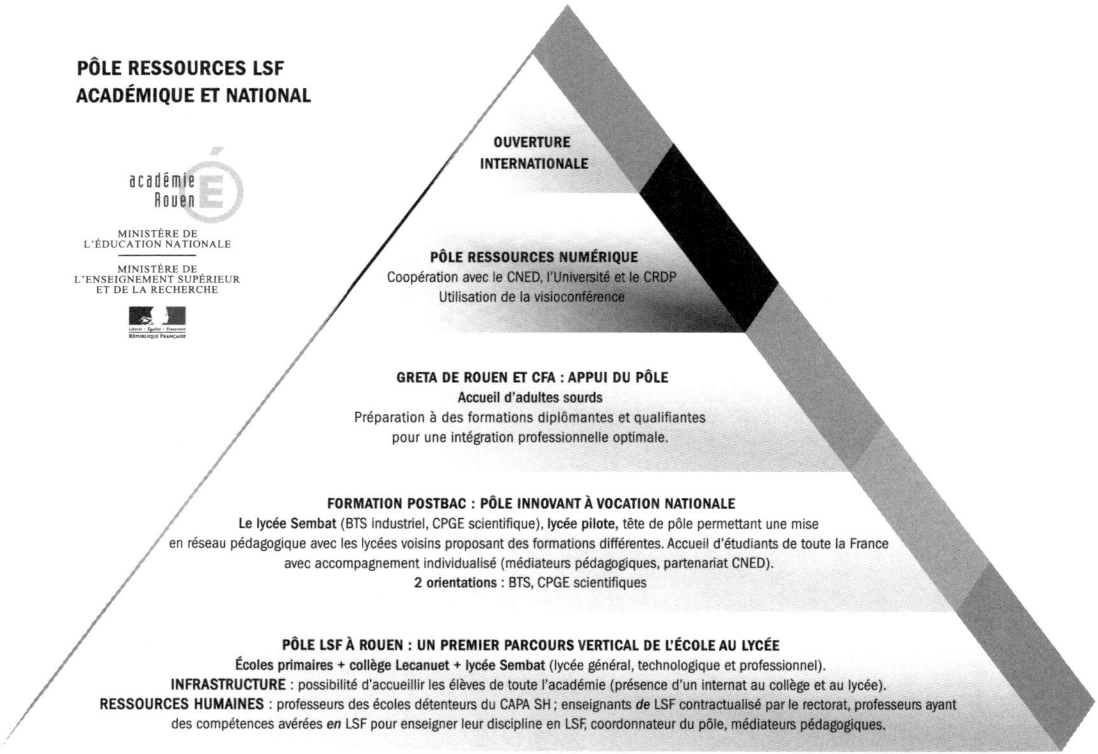

Son ouverture sera annoncée le moment venu sur le site de l'académie. Un internat rénové accueillera les étudiants sourds venant d'autres académies.

Les élèves sourds, titulaires d'un baccalauréat STI, qui souhaiterait poursuivre leurs études en vue d'une insertion professionnelle, sont invités à s'inscrire au lycée Marcel-Sembat, cœur d'implantation de ce pôle postbac national.

Dans les académies observées, il y a à l'évidence une forte impulsion rectorale académique et la volonté soit d'améliorer le dispositif existant, soit de le construire. Dans tous les cas, on sent le souhait de bâtir un parcours vertical, partant de l'école maternelle ou primaire et incluant le lycée (LGT ou LP).

Toutes les solutions sont utilisées pour mutualiser les ressources en vue d'une meilleure efficacité et d'une efficience ciblée. Dans certaines académies, plus d'un département a démarré.

De manière générale, les IEN-ASH, en liaison avec les IA-DSDEN, se sont emparés de ce dossier pour le mener à bien. Des réunions académiques se sont tenues, ou sont prévues, afin d'envisager collectivement les meilleures stratégies possibles.

La formation des enseignants/professeurs demeure une préoccupation récurrente. L'évaluation des enseignants devant les élèves devra être envisagée dès lors qu'un véritable enseignement de LSF (tous les programmes officiels d'enseignement de la LSF sont achevés) se met en place. L'attribution de « certifications complémentaires », après validation des compétences en LSF des professeurs de l'Éducation nationale, devra permettre également de mieux répondre aux exigences de qualité et de mieux cibler les formations utiles [1]. Une académie envisage une formation niveau A1 par le GRETA. L'ouverture du CAPES de LSF en 2010 devrait amorcer un processus de nature à constituer un vivier de professeurs qualifiés.

La liaison avec les SSEFIS est efficace. On cherche à améliorer la coopération avec les MDPH. L'académie de Rouen y envoie des représentants des corps d'inspection pour s'informer et aussi apporter leur regard pédagogique. Notons aussi que cette académie attribue deux HSA aux professeurs qui feront l'effort de préparer et d'obtenir le 2CA-SH. Un rapprochement avec, par exemple, le Centre national de la fonction publique territoriale (CNFPT, pour une académie) permettra de multiplier les ressources humaines. Des parcours de sensibilisation à la LSF sont parfois proposés aux familles. Ceci mériterait d'être développé.

---

1. Note de service n° 2009-&88 du 17-12-2009 parue au *B.O.* n° 048 du 24 décembre 2009.

Les académies concernées par cette première enquête rapide donnent des signes d'encouragement et démontrent que la mise en synergie du dispositif de recrutement de personnes handicapées par la voie contractuelle (décret n° 95-979 du 25 août 1995, modifié en 2005) et du dispositif propre à l'Éducation nationale permet de commencer à offrir un enseignement de LSF et en LSF, dans des lieux repères, conformément aux termes de la circulaire mentionnée ci-dessus.

Pierre Pélissier. Iconographie des signes.
Source : « L'enseignement primaire des sourds-muets mis à la portée de tout le monde, avec une iconographie des signes ». Paris, Paul Dupont, 1856, planche XV.

CHAPITRE VII

Évaluation des élèves en LSF

En se souvenant de Vincennes la première fois, maman dit : « J'ai eu terriblement peur. J'étais confrontée à la réalité. C'était comme un second diagnostic. Tous ces gens étaient chaleureux, mais j'ai écouté le récit de leurs souffrances d'enfants, l'isolement terrible dans lequel ils avaient vécu avant. Leurs difficultés d'adultes, leurs combats permanents. J'en ai vomi. Je m'étais trompée. On m'avait trompée en me disant : "Avec la rééducation et l'appareillage, elle parlera..." »

Mon père dit : « C'est tout juste si, à l'époque, je n'ai pas entendu, ou voulu entendre : "Un jour, elle ENTENDRA." »

Emmanuelle Laborit,
Le Cri de la mouette, chapitre XV.

Évaluation en cours d'apprentissage

Le site http://www.ressources-lsf.cndp.fr/ propose des échantillons de fiches d'évaluation pouvant être utilisées en cours de formation. Elles sont à la disposition des enseignants, qui peuvent y avoir recours soit tout au long de l'année, à des étapes significatives de l'apprentissage, soit en fin d'année (bilan, positionnement de l'élève pour le situer auprès de l'enseignant qui prend le relais).

L'épreuve optionnelle de LSF au baccalauréat

Elle a été introduite pour la première fois à la session 2008 du baccalauréat.

Maquette de l'épreuve

Publiée au *BOEN* n° 46 du 20 décembre 2007, elle s'inspire des maquettes d'épreuves d'option au baccalauréat concernant les langues vivantes (ou LV3 dans la nomenclature officielle en vigueur). Elle fait apparaître deux temps dans l'épreuve : un premier temps où le candidat intervient seul, à partir d'un document textuel ou iconographique qu'il a choisi ; et un entretien entre l'examinateur et le candidat. Dans les deux cas, il ne s'agit nullement d'évaluer la culture générale du candidat, mais sa compréhension du document et la qualité de son expression en langue des signes.

Analyse des résultats

La quasi-totalité des académies a présenté des candidats dès la première session (2008). Les candidats inscrits ont tous été présents. La fourchette des notes obtenues (de 5/20 à 20/20) est très ouverte et reflète bien les écarts de niveaux. On peut s'attendre à ce qu'un élève qui est sourd et signeur depuis sa naissance soit plus compétent qu'un grand débutant, surtout si ce dernier n'a pas bénéficié d'enseignement. Les membres des jurys ont respecté les niveaux d'exigences souhaités. La moyenne générale pour l'ensemble des académies est de 13,65. Le support iconographique semble avoir eu la faveur de ces candidats, moins la deuxième année.

Le nombre de candidats a été multiplié par 3 entre 2008 (une centaine de candidats) et 2009, ce qui montre bien l'intérêt pour cette discipline nouvelle qui n'est pas exclusivement choisie par des candidats sourds.

Conseils d'ordre méthodologique

Pour réussir le déroulement de cette épreuve, quelques conseils peuvent être donnés.

À l'examinateur

– Connaître les niveaux communs de référence (A2 et B1 s'agissant des langues vivantes étrangères. La LSF est une langue française mais on peut s'inspirer de ces niveaux), ce qui facilite l'évaluation en situation de communication en face-à-face.

- Relever des compétences grammaticales et lexicales concernant la LSF d'un texte et les noter sur papier, ce qui permet de préciser les compétences à évaluer. Tout au long de l'expression orale du candidat, il est difficile d'apprécier sa performance sans repérages préalables.
- Pouvoir déplacer les tables si nécessaire, de manière à ce que le candidat ou l'examinateur ne soit pas à contre-jour et que les deux candidats ne se voient pas.
- Afin d'éviter toute appréhension du candidat au premier contact avec lui, il est conseillé de ne pas s'exprimer tout de suite en LSF courante et de se faire comprendre par lui par tout moyen d'expression corporelle et tout indice visuel dans son environnement avant d'entamer la première partie. Par exemple, faire les gestes élémentaires et prendre sa carte d'identité sans la vérifier tout de suite. Il est possible de faire la démarche de vérification à la fin de l'épreuve du candidat. Dans ce cas, la LSF est donc courante.
- Évaluer sur les compétences élargies : grammaire, lexique, savoir-faire, champ socioculturel, compensation, analyse, etc.
- Savoir adapter sa LSF selon le niveau de LSF du candidat après la première partie.
- Ne pas abuser de la dactylologie, qui est uniquement réservée aux noms propres.
- Pouvoir utiliser plusieurs modes d'appel liés à la culture sourde pour interrompre la lecture du candidat ou autre chose, que celui-ci soit entendant ou non : agiter la main, tapoter sur le bureau ou donner de petites tapes sur l'épaule.
- Refuser l'accueil d'un accompagnant du candidat sourd qui demandait une assistance pour les autres épreuves.
- Ne pas prolonger le temps de l'épreuve en un tiers de temps pour tout candidat sourd. Selon la législation du baccalauréat en vigueur, les candidats dont il est ici question n'y ont pas droit (sauf cas exceptionnels très particuliers de candidats présentant des troubles associés).
- Encourager l'expression signée du candidat par tout moyen d'expression corporelle, ce qui motive le candidat à employer le mime. Bien entendu, sa note reflétera le niveau où il se trouve.
- Chaque candidat doit pouvoir disposer du temps maximal autorisé pour son épreuve quel que soit son niveau de compétences.

Au candidat

Dans le cas du traitement du document textuel (première partie de l'épreuve)

– Ne pas traduire littéralement. Il suffit de comprendre le sens et de le transposer en image proche ou imaginaire conforme à la situation réelle.
– Ne pas abuser de la lecture pendant l'expression signée.
– Ne pas abuser de la dactylologie, qui est bien réservée aux noms propres. Il est possible d'y avoir recours quand un mot-clé relevé du texte est inconnu et de demander un signe pour ce mot si son utilisation s'impose de façon récurrente.
– Pouvoir organiser un plan différent du texte comportant les différents temps pour que le déroulement de l'histoire soit chronologique en LSF.
– Utiliser systématiquement le transfert de personne en discours rapporté pour la partie dialogique.
– Utiliser le transfert de personne pour jouer le rôle des différents protagonistes. Cela évite d'exprimer [IL] ou [ELLE] en signes lexicalisés.
– Exprimer quelques jugements personnels en conclusion.
– Pouvoir regarder sa montre pour vérifier si la durée de l'épreuve n'est pas dépassée.

Dans le cas du traitement du document iconographique (première partie de l'épreuve)

– Développer dans un premier temps la partie descriptive sur un espace organisé, en utilisant fréquemment les transferts de taille, de forme et de situation, comme si l'examinateur n'avait pas vu le document iconographique.
– Expliquer ensuite si nécessaire la liaison entre des éléments susceptibles d'être porteurs de sens en maintenant les éléments déjà situés.
– Prendre le rôle des protagonistes si des bulles de genre BD sont utilisées. Utiliser alors le transfert de personne en discours rapporté.
– Pouvoir faire de façon cohérente une ou des actions.
– Exprimer quelques jugements personnels en conclusion.
– Pouvoir regarder sa montre pour vérifier si la durée de l'épreuve n'est pas dépassée.

S'agissant de l'entretien avec l'examinateur (deuxième partie de l'épreuve)

– Pouvoir demander une reformulation. Ne pas en abuser.
– Pouvoir corriger les confusions de temps ou d'expressions qui ont conduit à un malentendu, à condition que l'examinateur indique qu'il y a un problème.
– Pouvoir se faire confirmer la correction d'une forme utilisée.

– Pouvoir recommencer avec une tactique différente s'il y a une rupture de communication.
– Pouvoir identifier ce qu'il/elle veut en le désignant du doigt.
– Pouvoir utiliser un signe inadéquat de son répertoire et faire des gestes pour clarifier ce qu'il/elle veut dire.
– Pouvoir épeler manuellement un mot et demander s'il/elle a été compris. Ne pas en abuser.
– Pouvoir utiliser un signe signifiant quelque chose de semblable au concept recherché et solliciter une correction.
– Pouvoir exprimer le sens d'un signe en en donnant un autre signifiant quelque chose de semblable.
– Pouvoir définir les caractéristiques de quelque chose de concret dont le nom échappe.
– Pouvoir demander un rythme plus lent.

Pour information, ces possibilités ne pénalisent pas les résultats sur la qualité d'interaction.

Témoignage d'un membre du jury (enseignant sourd)

Il permet de suivre pas à pas le cheminement de l'interrogateur et celui du candidat dans l'ordre chronologique du déroulement de cette épreuve dont la nouveauté a pu inquiéter examinateurs et élèves.

Les personnages et le lieu dans cette histoire sont purement imaginaires. En revanche, il s'agit d'une restitution très fidèle de la démarche, au plan matériel et linguistique. À ce titre, ce témoignage est un document authentique qui ne manquera pas de toucher les lecteurs et de les éclairer sur un mode d'interaction particulièrement positif entre l'examinateur et le candidat.

L'intégralité de ce compte rendu se trouve en annexe.

Adaptation des épreuves d'examens

Toute personne présentant un handicap est fondée à déposer une demande d'aménagement des épreuves. Deux arrêtés ont été publiés à ce jour :
– arrêté du 10 septembre 2007 modifiant l'arrêté du 15 septembre 1993 modifié relatif aux épreuves du baccalauréat général à compter de la session 1995 ;

– arrêté du 10 septembre 2007 modifiant l'arrêté du 10 septembre 1990 modifié portant règlement d'examen du baccalauréat technologique hôtellerie.

Ils sont consultables sur le site de l'Éducation nationale (Eduscol).

Dispositions concernant les candidats sourds au baccalauréat (arrêté du 21 janvier 2008 ; *J.O.* du 6 février 2008) : dispense de certaines épreuves de langue vivante du baccalauréat général ou technologique pour les candidats qui présentent une déficience du langage et de la parole ou handicapés auditifs.

– Article 1. Peuvent être dispensés, à leur demande, de l'épreuve obligatoire de langue vivante 2 à l'examen du baccalauréat général et du baccalauréat technologique, les candidats handicapés présentant une déficience du langage et de la parole.

– Article 2. Peuvent être dispensés, à leur demande, de la partie « expression orale » de l'épreuve obligatoire de langue vivante 1 de la série sciences et technologies de la gestion, les candidats handicapés présentant une déficience du langage et de la parole et les candidats handicapés déficients auditifs.

Circulaire n° 2006-215 du 26 décembre 2006
(*Bulletin officiel* n° 1 du 4 janvier 2007)

La demande d'aménagement des épreuves est adressée à l'un des médecins désigné par la commission des droits et de l'autonomie des personnes handicapées (CDAPH). Celui-ci rend un avis qui est transmis aux autorités administratives. Les recteurs et les services académiques, qui apprécient alors la situation singulière du candidat handicapé, sont habilités à prendre les mesures nécessaires. Les inspecteurs pédagogiques doivent s'emparer de ces dispositions légales et les faire mettre en œuvre. La dispense d'épreuve, solution la plus facile, ne doit être retenue qu'après examen de toutes les possibilités, car elle pourrait dénaturer l'esprit de l'examen et se traduire par un diplôme dévalué pour le candidat concerné. De plus, chaque type d'examen (baccalauréat, bac pro, BTS...) s'appuie sur une réglementation qui lui est propre et s'applique collectivement à tous les candidats. Dans le souci louable d'équité de traitement, sur l'ensemble des territoires académiques, il faut néanmoins éviter de créer du droit collectif, les élèves handicapés relevant avant tout du droit commun réclamant des aménagements pour prendre en compte leur situation individuelle particulière.

On lira avec profit, sur le site de l'ESEN (www.esen.education.fr), la conférence faite par Jean-Paul Chassaing, inspecteur général honoraire du groupe sciences et techniques industrielles : « Les différents parcours de la Voie professionnelle et leur accessibilité pour des élèves handicapés » (4 février 2009).

Elle ouvre des pistes très prometteuses et s'appuie sur un travail conduit par les inspecteurs pédagogiques de l'académie de Toulouse qui, avec des équipes de professeurs de lycées professionnels, ont élaboré un portfolio de compétences normé sur le référentiel des examens de la voie professionnelle. Cet outil peut servir à évaluer un élève handicapé à la fin de sa scolarité et additionner un certain nombre de compétences qu'il a acquises, même s'il n'a pu obtenir son BEP ou son CAP.

Abbé Sicard, Roch Ambroise. Directeur de l'Institut des sourds-muets. Académie française.
Boilly Louis Léopold : *Album de 73 portraits-charges aquarellés.*

CHAPITRE VIII

Les enseignants de LSF et en LSF

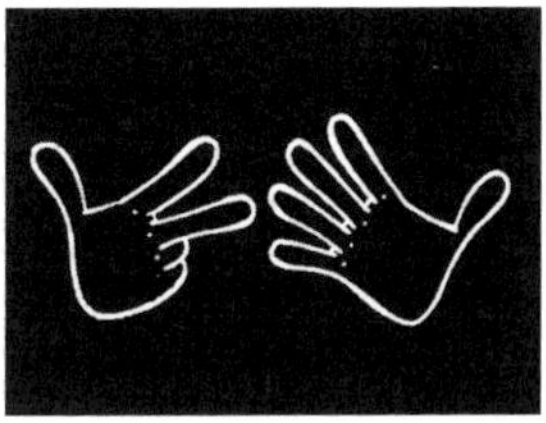

Vincennes, c'est un autre monde, celui de la réalité des sourds, sans indulgence inutile, mais aussi celui de l'espoir des sourds. Bien sûr, le sourd arrive à parler, bien ou mal mais ce n'est jamais qu'une technique incomplète pour beaucoup d'entre nous, les sourds profonds. Avec la langue des signes, plus l'oralisation et la volonté dévorante de communiquer que je sentais en moi, j'allais faire maintenant des progrès inouïs.

Le premier, l'immense progrès en sept ans d'existence, venait d'être accompli : je m'appelle « JE ».

Emmanuelle LABORIT,
Le Cri de la mouette, chapitre XV.

Ressources disponibles : les enseignants *de* et *en* LSF

Un groupe de travail institutionnel s'est réuni dès 2006 afin de faire le point sur la situation des enseignants de et en LSF. La réflexion a porté sur la gestion des personnels qui enseignent actuellement la LSF et sur le recrutement et les modalités d'habilitation des futurs enseignants de LSF et en LSF.

La gestion de la ressource enseignante

L'enquête diligentée par la DGESCO dans les académies auprès des chefs d'établissement montre un vivier significatif de professeurs (de mathématiques, SVT, EPS, etc.) ayant des compétences en LSF. Il leur aura été demandé de se situer sur une échelle allant de 1 à 3. Dans la catégorie la plus élevée (niveau 3) se trouvent les professeurs ayant une forte familiarité avec la LSF, souvent à titre personnel, ou parce qu'ils ont suivi des formations de bon niveau. Le principe va être de faire procéder à leur habilitation en vue de l'attribution d'une certification complémentaire et leur permettre ainsi d'enseigner en LSF.

Parallèlement, les lauréats du CAPES LSF pourront, eux, enseigner la LSF. La rapidité de la constitution de ce vivier dépend du nombre de postes mis annuellement au concours.

Le recrutement des enseignants de et en LSF par le ministère de l'Éducation nationale

Deux voies existent actuellement : le concours et le contrat. Le recrutement de personnes handicapées par la voie contractuelle est prévu par le décret n° 95-979 du 25 août 1995 modifié en 2005, qui permet au candidat d'être titularisé au terme d'un contrat d'un an s'il a été jugé apte professionnellement à exercer les fonctions occupées.

Pour la rentrée 2007, 200 postes d'enseignant ont été réservés aux personnes handicapées, dont 100 pour le premier degré et 100 pour le second degré. On pourrait envisager d'utiliser cette procédure pour la titularisation des professeurs de LSF. Cependant, il ne paraît pas souhaitable que des professeurs sourds enseignent à des élèves non sourds du premier degré ou à des élèves encore débutants au collège. Ce serait, en revanche, envisageable de la troisième à la terminale. Pour le second degré, on imagine plutôt la situation de l'enseignement d'une discipline en LSF et en français. La constitution d'un vivier de professeurs de LSF par obtention d'un CAPES de la discipline ouvrira des perspectives nouvelles.

Pour le premier degré

La question est posée de la nécessité du recrutement accru de professeurs des écoles en LSF et du CAPA-SH, qui forme des enseignants du premier degré pour l'enseignement spécialisé.

Il est préconisé d'utiliser le support juridique du décret de 1995 modifié pour recruter par contrats des professeurs des écoles maîtrisant la LSF, mais ils ne devront pas être affectés dans des classes d'enfants entendants.

En outre, il faudra cibler ces recrutements sur des besoins réels, notamment dans les pôles LSF, qui doivent inclure au moins une école primaire.

Pour le second degré

Il y a une forte demande, émanant en particulier des familles, de validation institutionnelle des compétences des enseignants de et en LSF.

Enseigner en LSF : la qualification des enseignants en LSF

L'arrêté du 23 décembre 2003 modifié relatif aux conditions d'attribution aux personnels enseignants d'une certification complémentaire dans certains secteurs disciplinaires a servi de point de départ à la circulaire parue au *B.O.* n° 48 mentionné ci-dessus. Cela permettrait à des enseignants certifiés dans une discipline d'obtenir une validation de leur compétence en LSF par la délivrance d'une certification complémentaire. Ceci pourrait concerner l'ensemble des disciplines. Un jury, dont les modalités de constitution et de fonctionnement seront définies (incluant vraisemblablement, *a minima*, un expert de LSF et un inspecteur pédagogique ainsi qu'un interprète), procédera à l'habilitation du candidat. Si ses compétences étaient jugées insuffisantes, il pourrait alors être invité à suivre des stages de perfectionnement avant de renouveler sa demande.

Enseigner la LSF, langue à part entière, comme le préconise la loi de février 2005

Actuellement, ce sont des enseignants appartenant à des associations ainsi que des personnels de la Santé qui l'enseignent. Quelques universités proposent un cursus d'enseignement de LSF avec des passerelles pour les étudiants n'ayant pas suivi le parcours ordinaire. Il s'agit donc de mettre en place par étapes un dispositif susceptible de répondre dans un premier temps aux attentes des associations des familles et des élèves. La création de la certification complémentaire de LSF et celle d'un vivier de professeurs de LSF titulaires du CAPES conforteront les ressources existantes.

Les dispositifs de formation

Concernant la formation des enseignants, les académies proposent des stages inscrits annuellement dans les plans de formation académique (PAF).

Il est possible de consulter la liste et la présentation de ces plans sur le site de l'académie dans laquelle l'enseignant se trouve.

De plus, la DGESCO, en partenariat avec l'inspection générale (un groupe permanent d'inspecteurs généraux exerce une fonction d'expertise et de suivi de la scolarisation des élèves handicapés), a organisé à l'ESEN, depuis plus de deux ans, des séminaires nationaux à publics désignés dits PNP (Programme national de pilotage). Deux de ces séminaires comportaient un atelier en lien direct avec la déficience auditive. Le premier avait pour but de sensibiliser les responsables académiques aux problématiques liées à cette scolarisation spécifique. Le deuxième concernait l'évaluation des compétences des élèves handicapés. Les conclusions de ces séminaires se trouvent en ligne sur le site de l'ESEN.

Lors du séminaire sur l'évaluation (février 2009), un atelier a présenté « les problématiques de l'enseignement des langues vivantes étrangères et de la musique à des élèves déficients auditifs ».

La réflexion a porté sur les divers degrés de surdité, la situation individuelle de chaque élève selon le milieu familial d'origine (enfants sourds de parents sourds, enfants sourds de parents entendants, enfants entendants de parents sourds), et la nécessité d'établir un profil de compétences individuel.

L'atelier s'est aussi intéressé aux problématiques liées à la scolarisation de ces enfants en milieu ordinaire : tous les enfants ont droit à recevoir un enseignement de toutes les disciplines inscrites dans les programmes. Or ceci soulève quelques questions.

- Quel est l'horizon d'attente des élèves déficients auditifs ? Que faire de leur motivation, souvent si forte, de leur appétence pour les langues vivantes, souvent vues comme un défi pour eux, une compensation, un désir de communication compensatoire ou supplémentaire qui doit trouver sa réalisation de toutes les manières possibles ?
- Comment les enseignants vont-ils mettre en œuvre des stratégies d'apprentissage adaptées ? Quel est, pour les enseignants, l'horizon du possible dans des adaptations pédagogiques destinées également à ne pas décevoir les attentes ? Quelles en sont les limites, les finalités ?
- Le Cadre européen commun de référence (CECR) en matière d'évaluation des apprentissages de langues vivantes étrangères, adopté unanimement aujourd'hui en France, s'avère, dans notre champ de recherche, un instrument précieux qui met à disposition un étalonnage de compétences à atteindre plutôt que de savoirs à acquérir à tout prix, et esquisse une trajectoire où l'enfant déficient auditif trouve sa place : il s'agit de « tendre » vers A1 ou A2 ou B1,

ce qui ouvre un espace de progression, mais surtout un positionnement pour chacun. On peut s'inspirer des descripteurs du cadre, ce qui a été fait pour l'élaboration des programmes, même s'agissant de la LSF qui est, elle, une langue vivante et française. On sait que, aujourd'hui, dans le monde qui s'ouvre aux échanges, dans le plurilinguisme respectueux des cultures et identités variées, il vaut mieux maîtriser inégalement deux, voire plusieurs langues plutôt que d'être totalement compétent dans une seule. L'est-on jamais, du reste ?

Dans le cas du bilinguisme choisi par les familles (communication en face-à-face, à l'oral, en LSF et usage du français écrit), et qui n'est pas, faut-il le redire, le seul mode de communication pour les sourds – les autres étant la lecture labiale, l'oralisation, le recours au LPC (langage parlé complété) –, le remplacement d'une compétence par une autre permet une évaluation adaptée à la situation individuelle.

Voici quelques exemples.
– On peut proposer à un élève sourd de travailler sur un texte écrit en langue étrangère et évaluer à l'oral sa compréhension du texte écrit, en lui demandant de signer (en LSF) ce qu'il en a compris. C'est d'ailleurs le type d'évaluation à l'épreuve d'option de LSF du baccalauréat ouverte en 2008.
– On peut aussi privilégier, pour l'approche textuelle (écrite donc en langue vivante étrangère), des supports qui seront des dialogues et pas seulement des narrations. On peut ainsi faire appréhender l'« oralité de la langue » au travers de la « grammaire de l'oral », les procédés d'élision, les reprises, etc.

Le document visuel – marqué culturellement, mais pas linguistiquement – se prête à des formes d'évaluation ici pertinentes. De manière générale, l'usage de la vidéo doit être ici étendu.

On devra, ici comme ailleurs, toujours privilégier les exercices brefs et variés pour tenir compte de la fatigabilité de l'élève. Nous savons tous à quel point il est contraignant de parler ou d'évoluer en continu dans une autre langue que notre langue première, comme nous en faisons l'expérience lors de nos séjours à l'étranger. La gymnastique mentale nécessaire au passage d'un code linguistique, culturel et social à un autre ne va pas de soi.

Les activités et tâches proposées devront toujours mettre l'élève en situation de réussite, au moins partielle et graduelle : l'échec renforcerait ici la situation même de handicap. Or, pour passer à une langue autre que sa langue première (ou maternelle, si sécurisante), il faut aussi un minimum de confiance en soi.

Quelques interrogations subsistent cependant.

– Comment réaliser, en amont des apprentissages, le profil de compétences individuel ? Qui peut le faire ? Quelles compétences mutualiser chez les évaluateurs ?

– Quelles compétences évaluer chez l'élève sourd ou malentendant ? Les compétences d'expression et de compréhension de l'écrit seulement ? Et, en plus, partiellement ou totalement, les compétences d'expression et de compréhension orales (selon les degrés de surdité, les possibilités d'oralisation, etc.) ? Et dans quelle(s) langue(s) (langue naturelle, première, ou langue seconde) ?

– Peut-on associer deux langues différentes dans l'évaluation, par un jeu de compensation (le français et la langue étrangère à l'écrit ; la langue des signes a pour des prestations de communication en face-à-face) ? Peut-on envisager des dispenses de langues vivantes étrangères dans les examens, compte tenu qu'en plus du français écrit (souvent langue seconde) certains élèves apprennent la langue des signes ?

– Quand faut-il démarrer l'apprentissage d'une langue vivante étrangère ? Certains de ces élèves ont appris la langue française comme une langue étrangère, ou presque, du fait de sa non-acquisition, naturelle, dans la toute petite enfance. Faut-il attendre la consolidation de la langue française pour éviter des formes dramatiques d'illettrisme, avant d'introduire une autre langue ?

– Enfin, quel rôle peuvent jouer les nouvelles technologies dans l'apprentissage et l'évaluation des élèves sourds ou déficients auditifs ? Codeurs LPC, usage de la caméra (webcam), vidéos, ordinateurs, etc.

Le second séminaire (EPS/Handicap) s'est tenu en mai 2009. Un atelier portait sur « la surdité en EPS ». On trouvera le compte rendu de ce séminaire, sous forme de tableau, sur le site de l'ESEN [1].

La réflexion a porté sur les modes de communication, qui sont en réalité ceux des élèves sourds, choisis, par leurs familles. Les élèves porteurs d'un handicap auditif sévère ne souffrent pas de problème d'équilibre sauf en cas d'atteinte de l'oreille interne. Dans le cas de port de prothèse ou d'implant cochléaire, la responsabilité de l'élève est la même que pour ceux qui portent des lunettes. Comme pour tout élève à besoin particulier, le professeur d'EPS veillera aux limites de

1. ESEN : l'École supérieure de l'Éducation nationale est le lieu de formation des cadres de l'Éducation nationale. De nombreuses formations et séminaires y sont organisés. Certaines conférences sont en ligne sur le site : www.esen.education.fr

fatigabilité qui peuvent se manifester par un défaut d'attention ou de concentration. Ceci se traduira en termes pédagogiques par une diversification des modes de communication, qu'il s'agisse d'une gestuelle adaptée et peut être accrue, du recours à des schémas, du passage par un écrit en français dit « simplifié ». Ce qui ne signifie pas pour autant d'abaisser les exigences ou de dénaturer les consignes. Le geste revêt ici toute son importance et peut, dans certains cas, devenir un élément facilitateur de la transmission des consignes ou des savoirs. Les démonstrations seront toujours privilégiées et le professeur veillera à se positionner dans l'axe de vision de l'élève sourd ou malentendant (surtout en cas de lecture labiale de l'élève). Dans les activités sportives collectives, un élève entendant peut être pressenti pour accompagner l'élève sourd dans tout déplacement de terrain où il pourrait perdre la relation de face-à-face avec le professeur.

Dans tous les cas, il s'agit de faire prendre conscience à l'élève de son potentiel et de le rendre acteur de ses apprentissages et le plus possible autonome[2].

Il existe aussi des modules de formation d'initiative nationale (MIN) pour la scolarisation des élèves handicapés

Les conditions de candidature, la liste de ces modules, le calendrier et leurs lieux d'implantation sont indiqués dans le *B.O.* n° 22 du 29 mai 2008.

Ils sont organisés par la Direction de l'enseignement scolaire, à l'intention des professeurs du premier et du second degré, et construits autour d'une problématique liée à la scolarisation des élèves handicapés. S'agissant du handicap auditif, plusieurs de ces modules ont été offerts en novembre 2008 autour du perfectionnement en langue des signes.

L'ESEN organise aussi des journées de formation des inspecteurs ASH (consulter le site de l'ESEN) et envisage un stage regroupant les chefs d'établissements d'implantation des pôles LSF.

2. Consulter le site de l'INS HEA. On y trouve, en ligne, la conférence d'Hervé Benoît, directeur des études : « Approche interactive et pédagogique du handicap, conditions pour une scolarisation réussie. », conférence donnée au stage ESEN « EPS et Handicap ».

Les certifications : CAPA-SH ET 2CA-SH

Le dispositif existant

Il existe deux certifications distinctes (décret n° 2004-13 du 5 janvier 2004) :
– une certification pour les enseignants du premier degré, le CAPA-SH [3], certificat d'aptitude professionnelle pour les aides spécialisées, les enseignements adaptés et la scolarisation des élèves en situation de handicap (certification des enseignants spécialisés du premier degré, créée en 2004 et qui remplace le CAPSAIS) ;
– une certification pour les enseignants du second degré, le 2CA-SH, certificat complémentaire pour les enseignements adaptés et la scolarisation des élèves en situation de handicap.

Des formations sont offertes aux candidats à ces deux certifications. Le mode de recrutement des candidats est académique, dans le cadre d'un schéma prévisionnel des formations établi en fonction de l'analyse des besoins de scolarisation des élèves présentant des besoins éducatifs particuliers.

Les candidats s'inscrivent auprès du rectorat de leur académie en fonction de l'option choisie et selon le calendrier établi par le recteur. Le recteur arrête, en ce qui le concerne, la liste des candidats admis à se présenter.

Durant le mois de juin, après l'information donnée aux enseignants [4], les services du rectorat procèdent à l'appel et au recueil des candidatures pour la formation. Celles-ci doivent être accompagnées de l'avis du chef d'établissement, clairement renseigné sur le calendrier et les contraintes de la formation, afin qu'il puisse organiser le service de remplacement en conséquence. Il s'agit d'un bulletin officiel (informations générales) et d'un bulletin académique.

La formation est de 400 heures pour le CAPA-SH et de 150 heures pour le 2CA-SH, réparties sur une ou deux années, trois au maximum. Toutefois, le plan de formation peut permettre d'effectuer l'intégralité du cursus en une

3. Le CNED offre des cours de préparation à des certificats (CAPA-SH et 2CA-SH). Consulter le site : www.cned.fr.

4. Dossier de candidature à remplir : coordonnées personnelles, compétences, lettre de motivation, avis du chef d'établissement, à adresser par voie hiérarchique à la DAFIP (délégation académique à la formation et à l'innovation pédagogique).

seule année scolaire (situation actuelle). La formation se déroule en plusieurs sessions réparties au cours des deux premiers trimestres de l'année scolaire. La durée minimale d'une session est d'une semaine.

Les contenus sont structurés en modules de 25 à 50 heures, définis par options et répartis en trois unités de formation (article 2 de l'arrêté 5 janvier 2004).
UF1 : pratiques pédagogiques différenciées et adaptées aux besoins particuliers des élèves. C'est la plus importante : 200 heures (sur 400) pour le CAPA-SH, 100 heures (sur 150) pour le 2CA-SH.
UF2 : pratiques professionnelles au sein d'une équipe pluricatégorielle.
UF3 : pratiques professionnelles prenant en compte les données de l'environnement familial, scolaire et social.

Les contenus sont détaillés par la circulaire n° 2004-026 du 10 février 2004, complétée, pour ce qui est du 2CA-SH, par la circulaire n° 2004-103 du 24 avril 2004.

Le plan de formation est élaboré par les IUFM et le CNEPEI, et il est habilité annuellement par une commission nationale. La formation peut être académique, interacadémique ou nationale, selon les options choisies par les stagiaires. Les options tiennent compte du type des besoins des élèves (arrêté 5 janvier 2004).

Les options E et G ne sont pas ouvertes pour le 2CA-SH, faute de RASED (réseau d'aides spécialisées aux élèves en difficulté) dans l'enseignement secondaire. Les autres options sont définies de façon similaire pour les deux certifications.

Les certifications : arrêté du 5 janvier 2004

L'examen du CAPA-SH est composé de deux épreuves consécutives :

1. Une épreuve professionnelle comportant la conduite de deux séquences d'activités professionnelles (séquences consécutives d'une durée de 45 minutes chacune), suivies d'un entretien avec un jury d'une durée d'une heure. Cette épreuve doit permettre d'évaluer, en situation professionnelle, les compétences spécialisées, et notamment les adaptations pédagogiques mises en œuvre ainsi que la capacité à les référer à un cadre théorique et institutionnel maîtrisé. L'entretien doit permettre au candidat de justifier le choix de ses démarches en mettant en valeur les adaptations proposées et de rendre compte de modalités de partenariat, interne ou externe à l'établissement, qu'il est possible ou nécessaire de mettre en pratique.

Carte d'offre des options du CAPA-SH

Option A : enseignants spécialisés chargés de l'enseignement et de l'aide pédagogique aux élèves sourds ou malentendants.

Option B : enseignants spécialisés chargés de l'enseignement et de l'aide pédagogique aux élèves aveugles ou malvoyants.

Option C : enseignants spécialisés chargés de l'enseignement et de l'aide pédagogique aux élèves présentant une déficience motrice grave ou un trouble de la santé évoluant sur une longue période et/ou invalidant.

Option D : enseignants spécialisés chargés de l'enseignement et de l'aide pédagogique aux élèves présentant des troubles importants des fonctions cognitives.

Option E : enseignants spécialisés chargés des aides spécialisées à dominante pédagogique.

Option F : enseignants spécialisés chargés de l'enseignement et de l'aide pédagogique auprès des élèves des établissements et sections d'enseignement général et professionnel adapté.

Option G : enseignants spécialisés chargés des aides spécialisées à dominante rééducative.

Carte d'offre des options du 2CA-SH

Option A : enseignement et aide pédagogique aux élèves sourds ou malentendants.

Option B : enseignement et aide pédagogique aux élèves aveugles ou malvoyants.

Option C : enseignement et aide pédagogique aux élèves présentant une déficience motrice grave ou un trouble de la santé évoluant sur une longue période et/ou invalidant.

Option D : enseignement et aide pédagogique aux élèves présentant des troubles importants des fonctions cognitives.

Option F : enseignement et aide pédagogique auprès des élèves des établissements régionaux d'enseignement adapté et des sections d'enseignement général et professionnel adapté.

2. Une épreuve orale de soutenance d'un mémoire (30 pages maximum) qui consiste en une étude de situation témoignant d'un processus de réflexion sur une question professionnelle en rapport avec l'option choisie, articulant savoirs et expérience.

Pour chaque candidat, le jury comprend une commission composée de quatre personnes :

- un inspecteur d'académie, directeur des services départementaux de l'Éducation nationale, ou un inspecteur en académie ou un inspecteur de l'Éducation nationale chargé de l'adaptation et de l'intégration scolaires, ou, à défaut, un inspecteur de l'Éducation nationale ayant reçu la formation spécialisée à l'adaptation et l'intégration scolaires et désigné par l'inspecteur d'académie, directeur des services départementaux de l'Éducation nationale ;
- un spécialiste de l'option concernée : soit professeur ou responsable de la formation du CAPA-SH d'un institut universitaire de formation des maîtres, soit professeur ou inspecteur du Centre national d'étude et de formation pour l'enfance inadaptée (CNEFEI) ;
- un enseignant spécialisé de l'option ;
- l'inspecteur chargé de la circonscription ou, à défaut, un inspecteur d'une autre circonscription.

L'examen du 2CA-SH comporte deux épreuves consécutives :

1. Une séquence d'enseignement d'une durée de 55 minutes dans une classe accueillant des élèves présentant des besoins éducatifs particuliers correspondant à l'option, suivie d'un entretien. Cette épreuve doit permettre d'évaluer en situation professionnelle les compétences du candidat à mettre en œuvre les adaptations nécessaires aux besoins éducatifs particuliers des élèves, ainsi que sa capacité à les référer à un cadre théorique et institutionnel maîtrisé.

L'entretien doit permettre au candidat de justifier le choix de ses démarches en mettant en valeur les adaptations proposées et de rendre compte des modalités du travail au sein d'une équipe pluricatégorielle interne à l'établissement, ainsi que des partenariats externes qu'il est possible ou nécessaire de mettre en pratique.

2. Une épreuve orale de soutenance d'un mémoire professionnel. Le mémoire professionnel (30 pages maximum) témoigne d'un processus de réflexion sur une question professionnelle en rapport avec l'option choisie. La durée totale de la soutenance est de 30 minutes, la présentation par le candidat n'excédant pas 10 minutes.

Pour chaque candidat, le jury comprend une commission composée de trois personnes :
- un inspecteur d'académie, directeur des services départementaux de l'Éducation nationale, ou son représentant ;
- un inspecteur chargé de l'adaptation et de l'intégration scolaires ou un inspecteur d'académie, inspecteur pédagogique régional ayant acquis une compétence dans ce champ, ou encore un enseignant titulaire du 2CA-SH ;
- un spécialiste de l'option concernée : soit professeur ou responsable de la formation du 2CA-SH d'un institut universitaire de formation des maîtres, soit professeur ou inspecteur du Centre national d'étude et de formation pour l'enfance inadaptée (CNEFEI).

La passation des épreuves de certification se déroule à partir du troisième trimestre de l'année scolaire et avant la fin de l'année civile.

La mise en situation

Les enseignants du premier degré devront partager leur année de formation, en gros à mi-temps, entre la formation et la responsabilité d'un poste spécialisé.

Pour les enseignants du second degré, le temps en milieu scolaire se rajoute à leur emploi du temps si, dans leur classe, ils n'ont pas d'élèves concernés par l'option choisie. Chaque enseignant se charge de trouver un lieu d'accueil pour effectuer des observations et réaliser son mémoire, avec l'accord de l'IPR-ASH.

Pendant les temps de mise en situation professionnelle devant les élèves, un accompagnement et un suivi sont assurés, en concertation, par les inspections concernées et par les centres de formation (arrêté 5 janvier 2004). Pas toujours réalisés sur le terrain pour le 2CA-SH.

Le CAPES de LSF

Il sera ouvert pour la première fois en 2010 (arrêté du 9 juin 2009 consultable en ligne sur le site http://www.education.gouv.fr, rubrique SIAC2).

Des renseignements utiles concernant les épreuves elles-mêmes sont consultables sur le site http://www.ressources-lsf.cndp.fr.

La maquette des épreuves concerne le CAPES externe de LSF, le CAPES interne et le troisième concours pour la section langue des signes française.

En 2010, seuls le CAPES externe et le troisième concours seront ouverts.

Il est à noter que, pour la première épreuve d'admissibilité du CAPES externe et l'épreuve unique d'admissibilité du concours troisième voie, les candidats seront évalués sur une production vidéo en langue des signes. Une connaissance du français écrit est aussi attendue pour les deux concours dont les lauréats seront titulaires. L'obtention du CAPES entraîne nécessairement l'enseignement devant élèves, dans les établissements de l'Éducation nationale, publics ou privés sous contrat. Dans leur activité professionnelle, pour ces titulaires du CAPES de LSF, l'usage du français écrit est incontournable, tant dans la relation pédagogique avec leurs élèves que dans leurs obligations administratives (rédaction de bulletins scolaires par exemple).

Les conditions requises pour être candidat varient selon que l'on s'inscrit au CAPES externe ou au CAPES troisième concours et tiennent compte du profil différent des candidats en amont[5].

5. Consulter le site http://www.education.gouv.fr/ (rubrique SIAC2). Une information concernant les épreuves d'admissibilité et d'admission se trouve sur le site dédié à la LSF (http://www.ressources-lsf.cndp.fr). Chaque épreuve est définie dans sa spécificité particulière, et des conseils devraient permettre aux candidats d'éviter les écueils les plus courants. Les attentes sont aussi indiquées.

Signes des villes du monde.
Programme du congrès international des sourds-muets
(IIe et IIIe de couverture) ; Prague 3-12 juillet 1928.

CHAPITRE IX

TICE et LSF

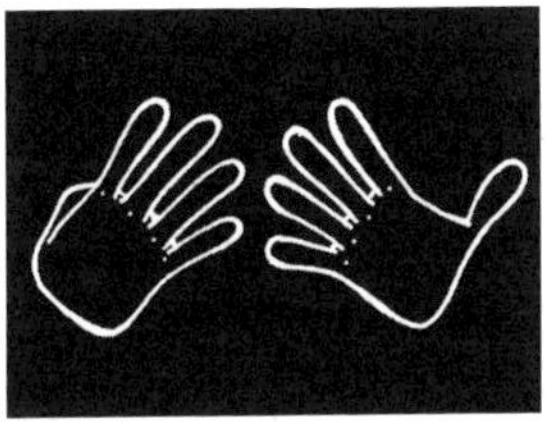

Le Minitel est arrivé ! L'objet magique. La communication sans intermédiaire. J'en pleure d'émotion. Une liberté de plus. Un trésor de liberté, à quinze ans !

Cet instrument me permet de communiquer librement avec mes copains, par écrit. C'est un cadeau somptueux, une libération !

Les parents m'ont fait une surprise. Je vois cette sorte de petite machine à écrire branchée sur le téléphone, avec un écran de télévision. Ma mère a tout préparé, je n'ai qu'à brancher la ligne. Mon amie Claire m'appelle, un flash se met à fonctionner, et je vois apparaître sur l'écran les phrases de ma correspondante. Mon père, ma mère, Marie me regardent. La joie m'étouffe la gorge. Je découvre pour la première fois mon indépendance !

Je n'ai plus besoin d'enquiquiner ma sœur pour appeler Claire. On discute des heures, elle est encore plus bavarde que moi. Une heure ou deux à papoter sur cet appareil, elle me raconte sa vie, moi la mienne. C'est formidable pour nous, mais c'est cher. Et redoutable quand on a des secrets à quinze ans.

Emmanuelle Laborit,
Le Cri de la mouette, chapitre xv.

Observatoire des ressources numériques adaptées

Sous l'impulsion du ministère, l'INS-HEA (Institut national supérieur de formation et de recherche pour l'éducation des jeunes handicapés et les enseignements adaptés) a été mandaté pour la création d'un observatoire national des ressources numériques adaptées, ayant pour missions de :
– recenser, décrire et évaluer l'existant ;

– faire émerger les manques afin d'orienter la publication d'appels à propositions et l'attribution d'aides financières ;
– repérer les ressources embryonnaires qui méritent d'être soutenues pour qu'elles atteignent un niveau de professionnalisme satisfaisant ;
– assurer la veille sur la production et la recherche.

Le site L'École pour tous[1] ou la communication pour la diffusion et l'usage des ressources numériques adaptées

Il s'agit d'un portail national d'information et d'échanges destiné à accompagner la scolarisation des élèves en situation de handicap dans le groupe classe, notamment au travers des TICE.

Il s'adresse tant aux personnels de l'éducation qu'aux familles ou aux collectivités territoriales. Sa mise en œuvre a été confiée au CNDP et à l'INS-HEA. Ouvert depuis le 28 août 2008, il propose les services suivants, organisés en cinq rubriques :
– « **Questions-réponses** », une rubrique pratique abordant les problèmes les plus fréquemment soulevés par la scolarisation de l'élève en situation de handicap.
– « **Pour enseigner** », un catalogue descriptif de ressources numériques adaptées, sélectionnées, analysées et évaluées par les équipes de l'Observatoire national des ressources numériques adaptées de l'INS-HEA. Le premier niveau de recherche dans le catalogue est délibérément orienté par type d'activités (écrire, lire, calculer, tracer, mesurer, piloter un ordinateur, communiquer sans la parole, etc.), et non par discipline ou niveau scolaire. Cette approche originale est plus pertinente pour aider un enseignant non spécialisé dont les élèves, du fait de leur handicap, ne maîtrisent pas certaines tâches scolaires basiques. Les fiches qui accompagnent les ressources donnent des renseignements d'ordre méthodologique et/ou pratique.
– « **À consulter** », une sélection de documents d'information, d'analyse, disponibles en ligne ou en librairie et qui traitent des différents thèmes abordés dans le site.
– « **Textes officiels** », un recensement des textes réglementaires.

1. www.lecolepourtous.education.fr

– « Qui contacter? », un annuaire de contacts utiles par département.

Le portail se veut interactif, donc ouvert aux contributions des usagers qui peuvent poser des questions, soumettre des ressources à l'expertise de l'INS-HEA, exposer des cas concrets, suggérer des aménagements, etc. Progressivement, des témoignages vidéo relatant des pratiques sont mis en ligne.

Un catalogue de ressources numériques adaptées pour les élèves sourds et malentendants

Un accent particulier a été mis sur le développement de ressources numériques adaptées aux élèves sourds et malentendants, en cohérence avec la nouvelle politique mise en place pour ces publics et la publication des programmes de l'enseignement de LSF, la généralisation progressive des pôles bilingues et la création du CAPES de LSF.

Le CD-ROM ***Les Signes de Mano*** est une réalisation de l'association IVT (International Visual Theatre) qui a reçu la marque RIP (reconnu d'intérêt pédagogique) en 2003. Il s'agit d'un dictionnaire interactif de langue des signes française qui s'adresse aux enfants sourds et à toute personne désireuse de découvrir la LSF.

Il existe également un DVD-ROM d'aide à l'apprentissage de la lecture et de l'écriture pour les élèves sourds ou malentendants. C'est un projet de l'INS-HEA, qui en assure l'ingénierie pédagogique, en partenariat avec l'Institut national de jeunes sourds de Paris (INJS), un service de linguistique de l'université Paris-8 et l'inspection générale de lettres. L'application développée s'appuie sur un texte authentique de la littérature de jeunesse. Elle utilise la LSF et l'audition pour ceux qui ont une capacité auditive résiduelle suffisante. Une première version est d'ores et déjà disponible, sous la forme d'un DVD intitulé *J'apprends à lire avec la LSF* (voir www.inshea.fr). Une seconde version est en cours d'élaboration.

Un DVD-ROM est mis à disposition pour l'apprentissage de l'anglais écrit en cinquième avec la LSF. Il s'agit d'un projet du service de soutien à l'éducation familiale et à l'intégration scolaire (SSEFIS) Laurent Clerc, établissement de l'association Anne-Marie Javouhey pour l'éducation et les soins spécialisés, situé à Noisiel (Seine-et-Marne). Le produit s'appuie sur une banque de vidéos authentiques, tournées au Royaume-Uni, auxquelles sont associées des séquences d'exercices interactifs.

Le DVD-ROM en langue parlée complétée (LPC) est un projet de l'association pour le développement d'aides technologiques aux personnes handicapées (DATHA) destiné à de jeunes enfants sourds ou malentendants afin de favoriser leur acquisition de la langue française orale et écrite par le biais d'une histoire codée, intitulée *La Vache et le Chevalier.*

La plate-forme d'aide à la production et à la mutualisation de ressources numériques pédagogiques pour les filières d'enseignement bilingue français/ LSF est un projet de l'association Les Iris, institut de recherche sur les implications de la LSF, en partenariat avec l'institut de recherche en informatique de Toulouse (IRIT, université Paul-Sabatier de Toulouse). Il s'agit de concevoir un éventail de ressources pédagogiques à destination des professionnels intervenant dans un cadre bilingue français/LSF ou chargés de l'enseignement de la LSF auprès d'élèves entendants. La livraison est prévue fin 2010.

Le DVD et le site de ressources en langue anglaise pour l'entraînement à la compréhension orale, par la lecture labiale, d'élèves sourds ou malentendants sont un projet de la société de production/diffusion multimédia Éducinvest Jériko Sas. Le projet repose sur l'adaptation de deux productions déjà existantes et utilisées dans les établissements scolaires : À l'écoute des médias et Baselangues. La livraison est prévue en mars 2010.

La bibliothèque d'objets d'apprentissage en ligne, dénommée « Bibliothèque ToBi », est un projet de l'université de Poitiers, en partenariat avec l'association 2LPE-CO (Deux langues pour une éducation Centre Ouest), dédiée à la scolarisation des enfants sourds dans des environnements bilingues français/LSF, et le Centre régional de documentation pédagogique de Poitou-Charentes pour la diffusion. S'appuyant sur une bibliothèque déjà existante, le site proposera d'autres ressources numériques pour une pédagogie bilingue français/LSF, permettant un apprentissage en classe pour un public mixte de sourds et d'entendants du cycle 2 de l'école primaire. L'apprenant pourra suivre les différentes étapes de sa progression en temps réel et continuer, en dehors du contexte scolaire, à enrichir ses connaissances. La livraison est prévue en juin 2010.

Le DVD-ROM et le site Internet éducatif bilingue français/LSF sont un projet de l'association Les Montagnes du silence, de Bourg-Saint-Maurice. Ils s'adressent à un public d'enfants de 8 à 12 ans, sourds ou non, susceptibles de connaître de grandes difficultés de lecture. Les contenus seront conçus en lien avec une expédition polaire mixte de sourds et d'entendants qui se déroulera au Spitzberg au printemps 2010. Les disciplines concernées sont le français/LSF, l'apprentissage et la maîtrise de la lecture, la technologie, les sciences physiques, les sciences de la vie et de la Terre, l'histoire et la géographie. La livraison est prévue fin 2010.

Une Web académie de la LSF est en cours de construction. La LSF souffre d'un déficit lexical dans de nombreux domaines. Le projet de Web académie de la langue des signes se donne pour tâche de combler ces manques, en particulier dans les champs culturel et pédagogique. L'INS-HEA, le ministère de l'Éducation nationale et la DGLFLF (délégation générale à la langue française et aux langues de France) se sont associés pour développer le projet. L'objectif est de faciliter, via un service collaboratif en ligne, les échanges entre locuteurs de la LSF et l'émergence de néologismes, tout en s'assurant de la bonne compréhension des concepts à représenter et à publier. Projet à long terme, cet outil sera progressivement mis en ligne à partir du second semestre 2010.

Thierry Bertrand

Ministère de l'Éducation nationale,
sous-direction des technologies de l'information
et de la communication pour l'éducation,
bureau des ressources numériques.

Un exemple illustratif : lesite.tv[2]

Lancé en janvier 2009 par France 5 et le SCÉRÉN-CNDP, avec le soutien du ministère de l'Éducation nationale, lesite.tv pour tous est la version accessible de lesite.tv. Elle est destinée aux élèves en situation de handicap.

Le site.tv est un projet de groupement d'intérêt économique qui réunit France 5, la chaîne de télévision éducative, et le Centre national de documentation pédagogique (CNDP).

C'est un service de vidéos éducatives accessibles sur abonnement aux établissements d'enseignement scolaire. La version accessible, réalisée avec le soutien financier de l'Éducation nationale, offre un service similaire au site ordinaire, en conformité avec les recommandations internationales du consortium Web Accessibility Initiative (WAI), pour des élèves malvoyants ou en situation de handicap moteur ou cognitif. Le service comprend également une adaptation spécifique au public d'élèves sourds et malentendants grâce à un lecteur vidéo innovant qui autorise, en accompagnement des vidéos pédagogiques standard, l'affichage simultané et synchronisé de sous-titres et de vidéos d'interprétations en langue des signes française (LSF) et en langue parlée complétée (LPC).

On accède à lesite.tv pour tous en passant par l'adresse spécifique ou d'un clic depuis le haut de la page d'accueil de lesite.tv.

La partie « pour tous » de lesite.tv respecte les recommandations internationales sur le Web en matière d'accessibilité (Web Accessibility Intitative) du Word Wide Web Consortium (W3C). Lesite.tv pour tous a reçu le label bronze d'AccessiWeb[3]. Cela signifie notamment que l'enseignant ou l'élève qui utilise des aides techniques logicielles (synthèse vocale, clavier adapté, etc.) peut accéder à l'ensemble des informations présentes sur le site.

---

2. http://pourtous.lesite.tv/
3. http://www.accessiweb.org. Pour accéder aux informations relatives aux critères de labellisation et aux types de labels décernés, cliquer sur le lien Label AccessiWeb sur la page d'accueil AccessiWeb.

L'offre vidéo

Les vidéos de lesite.tv pour tous sont extraites du catalogue lesite.tv et sélectionnées par l'équipe pédagogique du Centre national de documentation pédagogique (CNDP)[4]. La sélection des vidéos au catalogue de lesite.tv pour tous a été choisie avec le concours de l'INS-HEA de manière à répondre aux besoins d'un public d'élèves à besoins particuliers de la maternelle à la terminale.

Ainsi, l'offre lesite.tv pour tous se compose d'un catalogue de 98 extraits de documentaires, reportages, magazines et films d'animation de format court[5] pour l'école, le collège et le lycée. Ce catalogue couvre les principaux domaines et disciplines de l'enseignement général et technologique. Il comprend également une sélection de vidéos en lien avec la découverte du milieu professionnel.

Chaque vidéo est disponible dans sa version originale accompagnée d'une version en langue des signes française (LSF) et en langage parlé complété (LPC) ainsi que de sous-titres correspondant à la norme de sous-titrage télétexte. La version LSF des vidéos est interprétée par des comédiens professionnels de manière à restituer au mieux les émotions et les subtilités des contenus.

Un lecteur innovant

Le lecteur vidéo proposé sur lesite.tv pour tous a été conçu à l'attention des personnes sourdes et malentendantes. Il peut être utilisé par les enseignants, mais aussi très facilement par les élèves en autonomie. C'est le seul lecteur sur Internet qui permette actuellement la synchronisation de deux flux vidéo. L'utilisateur peut regarder sur le même écran et en même temps la vidéo et sa traduction en LSF ou en LPC, avec ou sans sous-titrage télétexte.

---

4. Le Centre national de documentation pédagogique est la tête du réseau SCÉRÉN (Services culture, éditions, ressources pour l'Éducation nationale), composé des 31 centres régionaux de documentation pédagogique (CRDP) et de leurs centres départementaux (CDDP).
5. Les vidéos sont de 1 minute 30, 3 minutes, 6 minutes ou 13 minutes environ.

Extrait de la vidéo *C'est allumé ou c'est éteint* de la collection « Célestin », avec la version LSF et le sous-titrage télétexte

L'utilisateur peut faire varier la taille de la vidéo principale et de la vidéo en LSF selon ses besoins, agrandissant ou réduisant l'un ou l'autre écran. De la même façon, il peut augmenter ou réduire la taille des sous-titres et choisir de les afficher ou de ne pas les afficher.

Deux fonctionnalités supplémentaires permettent à l'enseignant d'effectuer un travail sur le contenu de la vidéo et ses sous-titres :

- le lecteur permet de sélectionner très simplement des séquences, des « moments favoris », dans la vidéo, en plaçant des repères identifiables par des mots-clés qui peuvent être supprimés facilement ;
- l'enseignant ou l'élève peut également effectuer une recherche dans les sous-titres en tapant un mot ou une expression dans la zone prévue à cet effet.

Par ailleurs, chaque vidéo est accompagnée de sa transcription textuelle. Les principales fonctionnalités du lecteur sont accessibles via les raccourcis clavier.

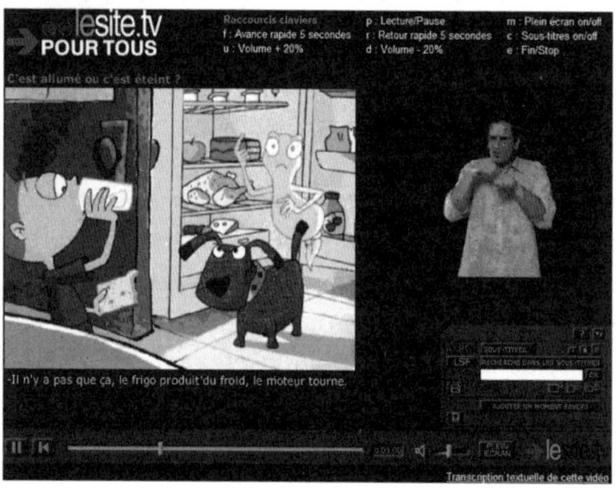

Extrait de la vidéo
C'est allumé ou c'est éteint.
Collection « Célestin »,
catalogue lesite.tv, avec la version
LSF (par Jean-Louis Brugeille)
et le sous-titrage télétexte.
Producteurs : France 3. 2004,
Paris : Julianne Films. 2004,
Paris : CNDP 2004.
Réalisateur : Debar Dominique.
Auteurs : Véronique Briant,
Philip Glineur.

Raccourcis clavier des principales fonctions du lecteur vidéo

Une présentation vidéo détaillée du lecteur est disponible sur la page d'accueil de lesite.tv.

Raccourcis claviers	p : Lecture/Pause	m : Plein écran on/off
f : Avance rapide 5 secondes	r : Retour rapide 5 secondes	c : Sous-titres on/off
u : Volume + 20%	d : Volume - 20%	e : Fin/Stop

Raccourcis clavier.

L'accompagnement pédagogique des vidéos

Chaque vidéo est accompagnée d'un livret pédagogique rédigé par un enseignant spécialiste du domaine ou de la discipline en collaboration avec le Centre national de documentation pédagogique.

Les livrets comprennent une présentation générale de la vidéo, des principaux thèmes et notions qui y sont abordés, ainsi que des suggestions d'exploitation pédagogique. L'enseignant pourra les mettre en œuvre dans sa classe directement en utilisant les fiches d'activité destinées aux élèves qui sont proposées dans les livrets.

Les livrets sont téléchargeables en ligne au format PDF. Ils ont été eux aussi expertisés par AccessiWeb et sont conformes aux normes d'accessibilité des documents numériques.

Remerciements

La langue des signes française, si longtemps occultée, trouve enfin sa place dans l'Éducation nationale, où elle est devenue une discipline d'enseignement à part entière.

Le chantier en cours continuera à être porté avec la même détermination et la même vigueur. Plusieurs groupes de travail, à la DGESCO, à l'inspection générale, dans les académies, continuent d'impulser cette politique d'apprentissage et de mise en œuvre des conditions qui lui sont nécessaires.

Les apports de l'INS-HEA et de la SDTICE sont toujours aussi nécessaires, de même que le partenariat avec la DGLFLF [1]. Cette dernière élabore la politique linguistique du gouvernement en liaison avec les autres départements ministériels. Organe de réflexion, d'évaluation et d'action, elle anime et coordonne l'action des pouvoirs publics pour la promotion et l'emploi du français, et veille à favoriser son utilisation comme langue de communication internationale. Elle a pour mission de valoriser les langues de France et de développer le plurilinguisme.

Comme toutes les autres langues enseignées sur le territoire français, la LSF est une langue vivante qui ne cesse de s'enrichir. C'est aussi la mission de l'Éducation nationale de suivre son évolution, d'apporter son soutien à la consolidation de ce qui a été récemment mis en place et à l'amélioration de la formation des enseignants, car ce sont eux qui sont désormais les garants de la qualité de la transmission de cette langue et de la scolarisation des élèves concernés.

Nos remerciements s'adressent à tous les experts et spécialistes qui ont apporté des contributions, notamment à :

- Fabrice Bertin, Thierry Bertrand, Jean-Louis Brugeille et Yves Delaporte ;
- Pierre François Gachet, chef du bureau de l'adaptation scolaire et de la scolarisation des élèves handicapés, direction générale de l'enseignement scolaire, DGESCO B2-2 (fourniture de données statistiques) ;
- Flore Gilbert, professeur agrégé d'EPS et personne ressource pour l'ASH et la surdité dans l'académie d'Aix-Marseille ;

1. DGLFLF : délégation générale à la langue française et aux langues de France.

– à Emmanuelle Laborit pour l'octroi gracieux d'extraits de son roman *Le Cri de la mouette* ;
– à tous les enseignants de LSF ou en LSF qui ont accepté des visites de classes. Elles ont nourri la réflexion collective ;
– au directeur général du CNDP et son équipe éditoriale, notamment Frédérique Lorenceau, directrice adjointe de l'édition et responsable éditoriale de cette publication, pour leur intérêt pour cette nouvelle discipline linguistique et le soutien de leur logistique.

Nous espérons que cet ouvrage apportera des éclaircissements utiles et des réponses aux questions que se posent les praticiens de cette langue et ses utilisateurs. Nous souhaitons qu'ils soient à leur tour des vecteurs.

Annexe

Témoignage d'un membre du jury (enseignant sourd)

Le professeur sourd de LSF, Claude, travaille dans un collège ordinaire dans le Sud-Est de la France. Il est convoqué en qualité de membre du jury de l'épreuve facultative de LSF au baccalauréat dans un lycée du Nord de la France.

Le jour de l'épreuve, Claude est arrivé une bonne heure en avance au lycée pour veiller à ce que l'épreuve se déroule dans de bonnes conditions. Il se rend d'abord au bureau de la proviseur adjointe. Il fait le mime « je n'entends pas » et, aussitôt, il prend son calepin sur lequel il écrit devant cette personne qui a l'air craintif. Celle-ci peut alors lire : « Je suis Claude. Je suis examinateur pour l'épreuve de langue des signes. » Le visage de la proviseur s'apaise. Elle pointe son index sur son menton et lui demande en articulant doucement : « Vous pouvez lire mes lèvres ? » Grâce à sa bonne articulation, Claude comprend parfaitement. Mais il hoche la tête de gauche à droite, car des épreuves de communication de ce type, il en a subi de nombreuses : après la première élocution claire, l'interlocuteur articulait souvent de moins en moins bien tout au long de l'énoncé, et cela provoquait des malentendus. Pour Claude, mieux vaut l'écriture que la lecture labiale.

Heureusement, la proviseur adjointe fait des efforts pour écrire sur le calepin. Elle lui rédige : « Je suis ravie de vous recevoir. Voulez-vous un café en attendant que le dossier arrive ? » Claude hoche la tête de haut en bas. Aussitôt, un café bien chaud lui est offert. En buvant, Claude se dit que l'accueil est sympathique et qu'il est dommage de ne pas pouvoir discuter de façon informelle avec la responsable. Celle-ci téléphone. Claude devine ses propos au téléphone. Le combiné raccroché, la proviseur adjointe écrit aussitôt : « Le dossier va arriver. Votre salle porte le n° 218 et se trouve au deuxième étage. Quelqu'un vous accompagne jusqu'à la salle. » Claude sourit en acquiesçant de la tête. Il se demande si cet accompagnement est dû à sa surdité ou si c'est un service aimable rendu à tout examinateur. En fait, il n'aime pas l'assistance.

Le dossier vite arrivé, une dame âgée invite Claude à la suivre jusqu'à la salle concernée. Claude prend une grande pochette de sujets envoyée par le ministère de l'Éducation nationale ainsi qu'une chemise d'imprimés d'évaluation. Ces sujets ont été proposés et validés par les experts en LSF du ministère.

Claude exprime un geste destiné à la responsable (« À tout à l'heure ») en tendant la main ouverte, mais il sait que ce geste peut être interprété par la personne comme un au revoir. Après une longue marche dans les couloirs, il se dit que ce n'était pas une assistance due à sa surdité. Sur la porte, une liste nominative est affichée, sur laquelle sont inscrits huit candidats. La dame s'en va, ravie d'avoir accompagné Claude.

Claude entre dans une grande salle bien éclairée par les grandes fenêtres toutes jointes sur le côté. Il est ravi de s'y trouver. Le positionnement des fenêtres et la qualité de la lumière comptent beaucoup pour que la communication en LSF ne s'effectue pas dans l'obscurité ou que le candidat ne soit pas à contre-jour.

Claude ouvre aussitôt la pochette et en sort une liasse de documents. Il sépare aussitôt les documents iconographiques des textes. Il les lit en diagonale et les ordonne. Il sort du portefeuille sa carte d'identité et la pose sur son bureau. Puis il enlève sa montre analogique de son poignet et la dépose sur la table ainsi que les imprimés d'évaluation nominatifs et quelques feuilles blanches. Ensuite, il déplace quelques pupitres au fond de la salle afin que le deuxième candidat puisse exprimer ses idées en langue des signes sans être vu de loin par le premier candidat en pleine discussion avec Claude.

Pendant les dix minutes précédant le début de l'épreuve, Claude lit phrase par phrase le premier document textuel en dégageant des mots-clés qui doivent être exprimés en LSF, des structures grammaticales à signer comme le transfert de personne en discours rapporté, etc. Il note sur papier quelques résultats attendus dans l'expression signée du premier candidat s'il choisit ce document. Ensuite, il examine le deuxième support iconographique en cherchant des éléments descriptifs qui doivent marquer le transfert de taille et de forme et en trouvant d'autres éléments pour l'argumentation.

Fin prêt, Claude ouvre la porte et voit les jeunes candidats, stressés et appuyés contre le mur. Sans parole, il pointe son index sur le premier nom de la liste affichée sur la porte, Camille, en cherchant le candidat qui s'avance ou lève son doigt. Une jeune fille aux longs cheveux noirs et portant un sac rouge marche vers la porte. À ce moment, Claude signe « bonjour » en souriant. Elle lui adresse ce même signe en douceur.

Une fois entrés, Claude ferme la porte et invite Camille à s'asseoir en tendant le bras, sans voix, vers la chaise devant le bureau. Elle laisse son sac au sol et s'assied correctement. Claude remarque vite qu'elle a oublié de présenter sa carte d'identité et sa feuille de convocation. Il comprend que l'angoisse lui a fait oublier ce qu'il fallait faire. Il pointe son index sur sa carte d'identité en faisant comprendre à la candidate de lui montrer la sienne. Camille réagit vite : elle prend son sac et en sort la feuille de convocation et la carte d'identité. Claude les vérifie et signe « merci ». Camille les reprend ensuite.

En silence, Claude montre deux supports différents à Camille. Il lui mime « vous avez trente minutes de préparation : choisir un document, préparer une production à signer, pouvoir noter sur papier libre, pouvoir l'exprimer seul en LSF ». Il montre de l'index sa montre en faisant un demi-cercle puis le pupitre au fond de la salle pour faire comprendre à Camille que la préparation dure trente minutes. Il appuie son doigt sur deux documents et fait le mime « en prendre un » puis « écrire sur papier libre » en montrant une feuille blanche. Il fait le mime « là-bas tu signes ». Tout au long de ce propos, Camille hoche la tête sans cesse de haut en bas.

Elle quitte alors la chaise et prend deux documents en même temps que Claude note l'heure de début sur l'imprimé. Ensuite, elle se rassied sur une autre chaise. Elle regarde d'abord le document iconographique, qui illustre une situation en rapport avec la culture sourde, où une sourde, dont la maison est délabrée par la tempête, doit appeler un numéro vert pour être indemnisée par son assurance.

Puis elle lit l'extrait du livre d'Emmanuelle Laborit, *Le Cri de la mouette* :

> Le lendemain, il m'emmène au château de Vincennes. Je revois quelques images de ce jour-là.
> Nous montons des escaliers, dans la tour du village. Nous entrons dans une grande pièce. Mon père discute avec deux entendants. Deux adultes qui ne portent pas d'appareils, donc, pour moi, qui ne sont pas sourds. Je n'identifie les sourds, à cette époque, qu'à leurs appareils. Or l'un est sourd, l'autre pas. L'un s'appelle Alfredo Corrado, l'autre s'appelle Bill Moody, c'est un entendant interprète de la langue des signes.

Je vois Alfredo et Bill faire des signes entre eux, je vois que mon père comprend Bill, puisque Bill parle. Mais ces signes ne veulent rien dire pour moi, ils sont étonnants, rapides, compliqués. Le code simpliste que j'ai inventé avec ma mère est à base de mimes et de quelques mots oralisés. C'est la première fois que je vois ça. Je regarde ces deux hommes bouche bée. Des mains, des doigts qui bougent, le corps aussi, et l'expression des visages. C'est beau, c'est fascinant. Qui est sourd ? Qui est entendant ? Mystère. Puis je me dis : « Tiens, c'est un entendant qui discute avec les mains. »

Alfredo Corrado est un bel homme, grand, le style Italien, les cheveux très noirs, un corps fin. Le visage un peu sévère, il porte une moustache. Bill a les cheveux mi-longs, raides, des yeux bleus, une « bonne bouille ». C'est quelqu'un de rond, de sympathique. Ils semblent avoir tous les deux le même âge que mon père.

Il y là aussi Jean Grémion, directeur et fondateur du centre social et culturel des sourds qui nous accueille.

Alfredo vient devant moi et me dit :

– Je suis sourd, comme toi, et je signe. C'est ma langue.

Je mime :

– Pourquoi tu n'as pas d'appareils sur les oreilles ?

Il sourit, il est clair, pour lui, qu'un sourd n'a pas besoin d'appareil. Alors que cet appareil représente pour moi un repère visible.

Alfredo est donc sourd, sans appareils, et, de plus, il est adulte. Je crois que j'ai mis un peu de temps à comprendre cette triple étrangeté.

Par contre, ce que j'ai compris immédiatement, c'est que je n'étais pas seule au monde. Une révélation choc. Un éblouissement. [...]

Profitant de la préparation de Camille, Claude lit attentivement les textes et regarde les illustrations. Pendant les quelques minutes où Camille doit finir sa préparation, il cherche le candidat suivant dans le couloir et l'invite dans la salle. Il communique de la même façon qu'avec Camille. Le deuxième candidat prend la place de Camille au fond de la salle au moment où celle-ci retourne au bureau. Elle est toujours calme, mais elle a l'air inquiet.

Claude est impatient maintenant de connaître l'expression signée de Camille. Il ne sait pas encore si elle maîtrise bien la LSF comme langue première ou si, au pire, elle n'a que quelques notions de LSF avec la dactylologie dominant dans son expression. Il jette un regard sur sa montre.

Camille signe [MOI / S'APPELER] [1], dactylologie CAMILLE, signe [MOI / CHOISIR / CECI] en pointant son doigt sur le document textuel. Puis elle dactylologie Laborit. En traduction : « Je m'appelle Camille. J'opte pour le document d'E. Laborit. » Cette petite expression signée fait une bonne impression à Claude. Il devine vite à plusieurs indices que la jeune fille a appris la LSF comme langue optionnelle, l'intonation de type « non sourd », l'absence de fluidité et l'absence d'un nom signé caractérisant Camille.

Camille signe [PAPA / ACCOMPAGNER / MOI / CHÂTEAU] sans utiliser la spatialité et dactylologie VINCENNES à un débit relativement lent, en traduisant la première phrase : « Le lendemain, il m'emmène au château de Vincennes » et en dirigeant son regard vers cette phrase. Claude est vite déçu du fait que les regards sont dirigés sur le texte, mais il attend les phrases suivantes pour savoir si la direction des regards suit toujours l'ordre du texte. On sait qu'en langue des signes les interlocuteurs se regardent dans les yeux en situation de face-à-face. De plus, les signes suivent la syntaxe du français, Camille fait du français signé, incompréhensible pour la majorité des sourds.

Claude suppose, en voyant Camille poursuivre la lecture dans l'expression signée, qu'elle n'a jamais travaillé à partir d'un texte durant son apprentissage de la LSF. Après un moment, Claude l'interrompt gentiment. Il conseille à Camille de regarder de manière momentanée le texte si besoin et l'éloigne un peu des yeux de la jeune fille. Il lui conseille également de ne pas traduire mot à mot. Rassurée, elle se propose de reprendre dès le début. Elle signe [PAPA / MOI / ACCOMPAGNER / CHÂTEAU] sur le plan spatial et dactylologie VINCENNES

---

1. Entre crochets, les termes en LSF sont une traduction approximative en français écrit. Ils sont placés dans l'ordre d'expression. Les ponctuations dans les crochets permettent de mieux visualiser l'expression signée :
– la ponctuation en oblique marque le changement de formes de main de deux mains.
– le signe + signifie que le premier terme avant ce signe maintient la forme de la main dominée précédemment évoquée, et le deuxième terme après ce signe exprime l'entité en main dominante. Les mains dominée et dominante dépendent du droitier ou gaucher. Pour le droitier, le premier terme utilise la main gauche et le deuxième terme la main droite.
– Le trait rassemble deux ou plusieurs termes en une entité dans la même main.
– Le signe x suivant un chiffre marque le nombre de répétitions du même signe.
– La parenthèse en italique suivie d'un terme en majuscules explique qu'une ou plusieurs caractéristiques physiques accompagnent le signe. À titre d'exemple, une qualité ou une quantité sont marquées dans le signe. En comparaison avec le français, un adverbe peut modifier un verbe ou un adjectif.

à un débit normal. Claude est enchanté du changement radical de la qualité d'expression : la syntaxe propre à la LSF, la fluidité et le débit. À cet instant, il se met à douter : la LSF de Camille pourrait être sa langue première ou encore langue maternelle.

Ce qui renvoie à l'image traduite – « Nous montons des escaliers, dans la tour du village. Nous entrons dans une grande pièce. » –, Camille l'exprime à un rythme normal [VILLAGE / SURFACE / SURFACE + là / TOUR / TOUR + PAPA / TOUR + MOI / TOUR + DEUX / TOUR + PERSONNE-MONTER-COLIMAÇON / TOUR + PERSONNE-SORTIR / SALLE-GRANDE] en plaçant ces signes sur les plans horizontal et vertical avec les pointages manuel et oculaire (voir figure ci-après). Claude la trouve impeccable et il marque un point. Le transfert de situation[2] est donc réussi. De plus, la montée en colimaçon renvoie parfaitement à la situation réelle où l'on marche dans la tour alors que l'expression écrite d'E. Laborit ne l'évoque pas. Ce résultat est bien supérieur au niveau du référentiel de LSF demandé.

La phrase suivante – « Mon père discute avec deux entendants. Deux adultes qui ne portent pas d'appareils, donc, pour moi, qui ne sont pas sourds. » – est traduite par une image que Camille ne dessine pas sur un plan horizontal. Elle signe [DEUX / PERSONNE X 2 / ENTENDANTS / DISCUTER / AVEC / PÈRE / À MOI / ENTENDANTS / APPAREIL + APPAREIL / Y EN A PAS / EUX / SOURDS / NON / POUR / MOI]. Claude trouve le lexique utilisé dans cette phrase cohérent et complet. Il marque un point. Mais il constate que Camille n'a pas utilisé le transfert de situation et qu'elle aurait pu placer imaginairement les protagonistes sur une scène. Tout est en signes lexicalisés. Les niveaux lexical et d'expression correspondent bien au niveau A2 du référentiel de LSF. De plus, on peut simplifier certains termes [DEUX / PERSONNE X 2] en [PERSONNE X 2]. Ce dernier signe montre logiquement à lui tout seul deux personnes. On pourrait parler de pléonasme. Mais Claude n'enlève pas de point pour ces erreurs, en gardant à l'esprit qu'il ne doit que donner des points.

Camille traduit « Je n'identifie les sourds, à cette époque, qu'à leurs appareils » par [AVANT / PERSONNE X 3 / PROTHÈSE AUDITIVE + PROTHÈSE AUDITIVE / MOI / PENSER / SYSTÉMATIQUEMENT / EUX / SOURDS]. Cela impressionne Claude au niveau syntaxique. La syntaxe en LSF est parfaitement construite. Claude donne sans hésitation un point en se concentrant sur l'expression signée de la candidate en continu.

---

2. Christian CUXAC, *La LSF, les voies de l'iconicité*, FDL, 2000.

Phrase signée.

La phrase suivante – « Or l'un est sourd, l'autre pas. L'un s'appelle Alfredo Corrado, l'autre s'appelle Bill Moody, c'est un entendant interprète de la langue des signes. » – est traduite par [INDIVIDU + INDIVIDU / INDIVIDU + CELUI-CI / INDIVIDU + SOURD / S'APPELER], puis ALTREDO en dactylologie à un débit rapide qui fait baisser les sourcils de Claude, qui saisit mal ce mot à cause de la rapidité. En rétroaction, Camille s'excuse et recommence la dactylologie, ALT... À ce moment-là, elle se rend compte de l'erreur de position de pouce dans la lettre F. Elle s'en excuse à nouveau. Elle épelle doucement ALFREDO. Cette bonne autocorrection confirme le niveau de compétence du référentiel en B1. Ensuite, Camille poursuit la dactylologie CORRADO, signe [INDIVIDU + INDIVIDU / CECI + INDIVIDU / ENTENDANT / INTERPRÈTE / S'APPELER] et dactylologie de manière attentive BILL MOODY.

En continuant l'expression signée jusqu'à la phrase « Alfredo Corrado est un bel homme, grand, le style Italien, les cheveux très noirs, un corps fin. Le visage un peu sévère, il porte une moustache. », Claude a noté, avant de rencontrer Camille, pour les résultats attendus, la principale catégorie de la LSF, transfert de taille et de forme, qui est obligatoire pour la partie descriptive. Camille dessine dans la LSF en plaçant des caractéristiques physiques dans une logique incohérente : [INDIVIDU + CECI / HOMME / MOUSTACHE-FIN / VISAGE / SÉRIEUX / CHEVEUX / NOIRS *(en forte intensité)* / GRAND / BEL / STYLE / ITALIEN]. Dans le jugement de Claude, la partie descriptive est relativement médiocre. Les éléments dessinés en LSF ne sont pas évoqués dans le zoom de loin au près ou dans l'ordre du haut en bas. Alors il ne marque pas de point à cette compétence qui devrait être acquise en A2. Par contre, la force physique dans le signe [NOIRS] donne le sens « très noirs ». Claude hésite à offrir un point et préfère finalement attendre une autre intensité dans la suite de l'expression signée.

Dans la partie dialogique (« Alfredo vient devant moi et me dit : – Je suis sourd, comme toi, et je signe. C'est ma langue. Je mime : – Pourquoi tu n'as pas d'appareils sur les oreilles ? »), il faut recourir à une autre catégorie grammaticale, le transfert de personne en discours rapporté, dans lequel la direction des regards et le mouvement du buste se révèlent. Claude l'a noté sur papier. Camille fait d'abord le mouvement du signe [INDIVIDU] de loin vers soi-même. Ensuite, elle endosse le rôle d'Alfredo en orientant légèrement son buste vers sa droite et en baissant le regard. Elle signe [MOI / SOURD / DEUX / PAREIL / MOI / SIGNER / LANGUE / À MOI]. Puis elle endosse le rôle d'Emmanuelle en changeant l'orientation du buste vers sa gauche et en regardant vers le haut. Elle exprime [TOI / APPAREIL + APPAREIL / RIEN / POURQUOI *(froncer les sourcils)*]. Claude est impressionné par cette partie et marque un point qui représente le contenu grammatical de B1 en référentiel. Il est aussi étonné par la gestion du regard des deux protagonistes qui renvoie fidèlement à la situation réelle où l'adulte et l'enfant se regardent dans les yeux. Or, dans le texte, l'âge d'Emmanuelle n'est pas évoqué, ce qui amènera Claude à poser la question dans la partie discussion. La compétence grammaticale concernant le regard se reporte à B1 du référentiel LSF.

Camille poursuit l'expression signée en mimant en traduction : « Il sourit, il est clair, pour lui, qu'un sourd n'a pas besoin d'appareil. » Dans ce mime, elle reprend le rôle d'Alfredo en faisant à nouveau le buste vers la droite et le regard vers le bas. Elle sourit, montre ses oreilles avec deux index en même temps et hausse les épaules. Ce geste interprète de façon claire cette phrase en expression imagée. Claude donne un autre point. La compétence concernant l'iconicité dans le transfert de personne sans recours aux signes lexicalisés est équivalente à B1 du référentiel.

En continu, Camille traduit le texte jusqu'au signe [FINI]. Tout au long de son expression, elle regarde de temps en temps le texte, mais cela ne gêne pas la compréhension de l'examinateur. Celui-ci jette un coup d'œil sur sa montre. La durée d'expression semble correcte par rapport à la longueur du texte. Claude mémorise le total des points pour la première partie notée en dix points.

La deuxième partie concernant la discussion est entamée. Maintenant, Claude connaît approximativement le niveau de Camille. Il peut alors s'exprimer en LSF adaptée en B2 du référentiel et en débit modéré afin que la candidate suive la discussion dans de bonnes conditions.

Claude pose la première question : « Connaissez-vous le nom signé d'E. Laborit ? » en épelant manuellement Laborit puis en signant [CELLE-CI / COMMENT / SIGNE / NOMMER]. En réponse, Camille hoche la tête de gauche à droite en même temps qu'elle signe [NON]. Claude ne la pénalise pas pour le manque de connaissance culturelle liée à la communauté sourde. Ensuite, Claude montre le nom signé d'E. Laborit que Camille assimile bien. Ce signe est utile pour la suite de la discussion.

À la question suivante « Qui est E. Laborit ? » en interprétant [LABORIT *(nom signé)* / QUI *(froncer les sourcils)*], Camille répond aisément dans une structure propre à la LSF que c'est une comédienne sourde qui faisait du théâtre et a obtenu un césar. Claude acquiesce en souriant. Les deux réponses ont été bien exécutées tout de suite après les questions sans répétition. Alors Claude marque un point en référant A2 sur la compétence d'interaction orale.

Claude pose une question délicate : « Pourquoi les personnes sourdes étaient-elles toujours identifiées comme telles par Emmanuelle par leur prothèses auditives ? » Après un court silence, Camille demande gentiment de répéter la question. Claude reformule d'une autre façon la question. Elle répond avec hésitation qu'à l'époque Emmanuelle voyait toujours les appareils que portaient les sourds. Aussitôt, elle demande la possibilité de vérifier avec le texte. Ses propos signés dans cette demande correspondent bien à la compétence socioculturelle du référentiel A2. De même pour la demande de répétition en registre de langue correct. Claude accorde avec plaisir un point en mémoire. Après vérification, Camille confirme ce qu'elle vient de dire. Claude la rassure bien en nuançant : « Pourquoi tous les sourds qu'Emmanuelle voyait en portaient? » Le visage de Camille s'éclaire alors. Elle signe en un débit rapide : « Parce que les sourds sont obligés d'entendre avec les appareils… » Claude confirme joyeusement, mais cette connaissance culturelle ne donne pas un point parce qu'elle est polémique.

La question mémorisée de Claude dans la première partie, concernant les regards entre l'adulte et l'enfant, est encore délicate. Claude reprend la même expression signée de Camille en insistant sur le fait que les interlocuteurs se regardent dans les yeux en utilisant l'inclinaison de la tête. Après acquiescement de Camille, Claude questionne enfin : « Comment reconnaissez-vous l'enfant alors que le texte ne le présentait pas? » Après un silence un peu plus long, Camille demande à nouveau de répéter. Claude reformule sereinement la même question en LSF adaptée en B2. Vérification accordée, Camille souffre pour chercher un terme approprié dans le texte par rapport à l'enfant. À ce moment-là, Claude se met à douter que sa question soit opportune, elle semble compliquée et purement grammaticale. Il interrompt la recherche de Camille en bougeant le bras horizontalement tendu. La tête de Camille est levée. Il précise la question sur l'enfant imagée par la direction des regards. Finalement, Camille objecte inconsciemment : « Parce qu'Emmanuelle est accompagnée par son père, et, de plus, les termes "mère" et "adulte" font allusion à ce qu'Emmanuelle est un enfant. » Soulagé, Claude la félicite de sa réponse positive en augmentant d'un point le score. Camille en est épatée. Analyser et démontrer en LSF est donc une compétence de « écouter visuellement » en B1.

Ensuite, Claude enchaîne quelques questions concernant le texte qui ne sont plus analytiques – par exemple : comment s'appelle l'interprète en langue des signes? où se passait la scène? –, auxquelles Camille répond aisément sans recours au texte. Le double objectif est d'évaluer l'interaction et la compréhension des questions avec le vocabulaire utilisé par l'examinateur. Ces objectifs en B1 sont bien atteints, Claude ajoute donc des points.

Au moment opportun, la discussion peut être entamée sur d'autres points sans lien direct avec le document. Claude regarde sa montre : il lui reste dix minutes.

En situation d'interaction, à un rythme modéré, il invite Camille à parler de ses études : disciplines apprises, difficultés dans le travail, vie étudiante, etc. À un moment, Camille ne connaissait pas un signe [ÉCONOMIE]. Elle recourt à la dactylologie. Claude le lui apprend. Elle l'utilise ensuite dans ses propos. La compétence de compensation du référentiel en B1 est récompensée.

À un autre moment, Camille utilise un signe inadéquat de son répertoire et fait des gestes pour clarifier ce qu'elle veut dire. Claude apprécie beaucoup cette compensation équivalente en A2.

Ensuite, Claude amène Camille dans la discussion sur la LSF : découverte, modalités d'apprentissage, rencontre avec d'autres signeurs, etc. Dans cette discussion, Claude devine que Camille n'est ni entendante ni sourde. Mais Camille n'a pas encore évoqué son identité culturelle.

Claude a épuisé ses questions sur ce thème. Il regarde la grande aiguille de la montre se situant à trois minutes en avance. Il signe [TERMINÉ / RAVI / DISCUTÉ / MERCI / BON / COURAGE / POUR / ÉPREUVES / BAC]. Tout à coup, Camille est enivrée de joie. Elle a trouvé l'épreuve agréable et l'examinateur sympathique. Elle se lève et part en signant [AU REVOIR].

Claude lui envoie le même geste. Il note aussitôt l'heure de fin. Il totalise les deux parties en points qui font 19 sur 20. Ensuite, il reprend le même travail pour l'autre candidat : lire le texte suivant et en tirer des éléments à évaluer pour mieux repérer les résultats dans l'expression signée. Puis il va chercher le troisième candidat.

Jean-Louis BRUGEILLE
Enseignant sourd de LSF,
professeur certifié enseignant de LSF
au collège André-Malraux à Ramonville-Saint-Agne
et au lycée Bellevue à Toulouse, académie de Toulouse.

Sitographie, bibliographie et DVD

Liste non exhaustive

Sitographie

- *www.lecolepourtous.education.fr/* : réussir à l'école l'accompagnement de tous les élèves. Présentation du site L'école pour tous en langue des signes. Rubriques : « Questions-réponses » ; « Pour enseigner » ; « À consulter » ; « Textes officiels » ; « Qui contacter ».

- *http://www.ressources-lsf.cndp.fr* : le Centre national de documentation pédagogique (CNDP) propose un site de ressources pédagogiques et documentaires pour l'enseignement de la LSF à l'école, au collège et au lycée. Ce site offre un large éventail de conseils, d'outils et d'activités pour accompagner l'enseignant dans la mise en œuvre des nouveaux programmes d'enseignement de la LSF.

- *http://www.education.gouv.fr/* : sur le site du ministère de l'Éducation nationale, le système d'information et d'aide aux concours du second degré, SIAC2, regroupe toutes les informations sur les concours permettant d'enseigner en collège, en lycée, en lycée professionnel ou d'assurer des fonctions d'orientation et d'éducation.

- *http://www.esen.education.fr* : l'École supérieure de l'Éducation nationale propose formations et séminaires pour les cadres de l'Éducation nationale. On y lira notamment la conférence de Gérard Poux, IA-IPR, EVS, chargé de mission pour les publics à besoins éducatifs spécifiques, CSAIO, académie de Clermont-Ferrand : « Du collège au lycée : continuité des parcours, orientation et insertion professionnelle des élèves handicapés ».

– Les sites ASH académiques (20 académies explorées)

Leurs contenus présentent de grandes divergences, selon que la scolarisation des élèves handicapés est une priorité académique ou pas, et selon la personne qui est chargée par le recteur du dossier (IA-DSDEN, IA-IPR ou et IEN ET, IEN-ASH, etc.). On trouve les renseignements utiles sous diverses appellations :

• « Scolarisation des élèves handicapés » ;
• « Scolarisation des élèves et adolescents handicapés » ;
• « Scolarisation des élèves et personnes handicapés » ;
• « L'enfant en situation de handicap dans le système éducatif » ;
• « Handicap : égalité des chances pour tous » ;
• « Adaptation scolaire et scolarisation des élèves handicapés : réussir la scolarisation des élèves présentant un handicap ».

Le dossier lui-même peut être rangé dans :

• « Scolarisation des élèves handicapés » ;
• « Enseignement spécialisé » ;
• « Élèves à besoins spécifiques » ;
• « Élèves malades et handicapés ».

L'entrée dans le thème s'effectue de façon variable :

• par simple renvoi au site de l'Éducation nationale ;
• par entrée dans « Actualités académiques » ou « Actualités ministérielles mensuelles » ;
• par catégories de handicaps ;
• par structures d'accueil ;
• par départements pour l'académie ;
• par entrée dans « TICE et handicap ».

Exemple de site : *http://www.ash.ac-aix-marseille.fr*, un espace académique dédié à l'adaptation scolaire et à la scolarisation des élèves handicapés, directement accessible à partir du site de l'académie d'Aix-Marseille. Ce site a pour ambition d'apporter des réponses précises et rapidement accessibles aux questions que se posent les familles, les personnels de l'Éducation nationale ou les auxiliaires de vie scolaire. Il doit permettre d'avoir accès à des informations partagées sur l'académie telles que les dispositifs existants, les procédures à mettre en œuvre, l'identification des personnes auprès desquelles on peut s'adresser ou encore le sens des sigles les plus couramment usités par exemple.

Mais plus encore qu'un simple site informatif, cet espace a pour vocation de devenir progressivement un lieu de mutualisation de pratiques professionnelles, d'échanges avec les personnes ressources identifiées pour leur expérience dans un type de handicap particulier, ainsi qu'un lieu de formation à distance utilisant les outils de travail collaboratif en ligne.

Ouvert au public le 22 septembre 2009, il est encore en cours d'élaboration et a vocation à s'enrichir progressivement au fil des mois à venir.

Notons aussi que le site de l'académie de Rouen offre une présentation vidéo des nouveaux sites académiques, traduite et interprétée en LSF

- *http://eduscol.education.fr/* : site pédagogique du ministère de l'Éducation nationale qui donne les principales informations institutionnelles sur tout le système éducatif, en particulier tous les programmes.

- *http://www.onisep.fr/* : site d'information sur les métiers et les formations. Un espace handicap donne toutes les informations pour aider les jeunes handicapés et leur famille dans leurs choix de scolarité et leur insertion professionnelle.

- *http://www.cned.fr/* : centre de formation à distance.

- *http://www.sceren.fr/accueil.htm* : site de ressources et documentaires destiné à la communauté éducative.

- *http://www.educnet.education.fr/* : enseigner avec les technologies de l'information et de la communication.

- *http://site.inshea.fr/* : institut de formations diplomantes des professionnels de l'ASH, et de formations pour un public large, institut de recherche sur les problématiques de la scolarisation des élèves handicapés et des élèves en grande difficulté en partenariat avec les équipes universitaires, éditeur d'outils (DVD *J'apprends à lire avec la LSF*). Publication trimestrielle de *La Nouvelle Revue de l'adaptation et de la scolarisation*, avec de nombreux articles rédigés par Hervé Benoit, responsable de la publication.

- *http://www.lesite.tv/* : espace vidéo des enseignants et des élèves. Version accessible de lesite.tv destinée aux élèves en situation de handicap.

Dix heures de vidéos disponibles en langue des signes, en code LPC et avec des sous-titres.

- *http://pourtous.lesite.tv/* : lesite.tv pour tous propose une version accessible du site.tv répondant aux recommandations internationales d'accessibilité sur Internet.
  Grâce au *player* adapté, lesite.tv pour tous peut lire deux flux vidéo en même temps. 600 minutes de vidéos sont proposées en langue des signes française (LSF) et en langage parlé complété (LPC) avec sous-titrage.

- *http://www.france5.fr/oeil-et-main/archives/* : seule émission en langue des signes du paysage audiovisuel français, L'Œil et la Main s'adresse aussi bien aux sourds qu'aux entendants. Présentée par Daniel Abbou et Isabelle Voizeux, chaque émission de 26 min est consacrée à un thème illustré par un film documentaire ou un reportage.

- *http://www.ivt.fr/* : laboratoire de recherches artistiques, linguistiques et pédagogiques sur la langue des signes, les arts visuels et corporels.
  Théâtre dirigé par Emmanuelle Laborit : mettre du mouvement dans les idées. Des formations, des ateliers, des contes bilingues dans les écoles et les bibliothèques, des rencontres, des recherches, des conférences pour tous : petits, initiés, sourds, grands, néophytes et entendants...

- *http://surdite.lsf.free.fr ou http ://www.sourds.info* : cette association a pour but de promouvoir et d'enseigner la langue des signes.

- *http://www.websourd.org/* : l'information en LSF. Site d'informations générales et spécifiques au public malentendant en langue des signes.

- *www.alpc.asso.fr* : Association nationale pour la promotion et le développement de la langue française parlée complétée (ALPC). Site d'information et de formation pour les familles, les professionnels et les personnes déficientes auditives en LPC.

- *http://www.fnsf.org/* : Fédération nationale des sourds de France.

- *http://www.acfos.org/* : site d'informations sur les avancées scientifiques, pédagogiques et techniques concernant la surdité de l'enfant. Ce site propose également des formations permettant aux professionnels la prise en charge de l'enfant sourd et de compléter leurs connaissances sur les enjeux et les problèmes liés à la surdité prélinguale.
  L'association ACFOS (Action, connaissance, formation pour la surdité) consacre son action à la surdité, et en particulier à la surdité prélinguale, ses conséquences et sa prise en charge dans la durée. Lieu pluraliste d'information et de réflexion concernant les enjeux multiples de la surdité.

- *http://www.cis.gouv.fr/spip.php?page=sommaire* : site du centre d'information sur la surdité Aquitaine. Sous la responsabilité de la DRASS, les centres d'information sur la surdité sont des services régionaux d'information des personnes sourdes, de leurs familles et de tout public.

- *http://www.cite-sciences.fr/francais/ala_cite/cite_pra/accessibilite/global_fs.htm* : accessibilité aux personnes handicapées de l'univers de la science à la Cité des sciences et de l'industrie à Paris.

- *http://www.centrepompidou.fr/* : le Centre Pompidou propose un pôle de réflexion et de coordination pour offrir aux personnes handicapées le même accès à l'art et à la culture qu'aux autres publics en collaboration avec les équipes de programmation du Centre, les conservateurs du musée, les responsables des activités danse ou cinéma, ainsi qu'avec la mission lecture et handicap de la Bibliothèque publique d'information.

- *http://www.rmn.fr/* : site des musées nationaux de France.

- *http://www.culture.gouv.fr/culture/arcnat/fr* : collection « Grands sites archéologiques » qui présente des expositions en plusieurs langues vivantes étrangères et en langue des signes.

- *http://www.dglflf.culture.gouv.fr/* : organe de réflexion, d'évaluation et d'action, la DGLFLF (délégation générale à la langue française et aux langues de France) anime et coordonne l'action des pouvoirs publics pour la promotion et l'emploi du français et veille à favoriser son utilisation comme langue de communication internationale. Elle s'efforce de valoriser les langues de France et de développer le plurilinguisme.

- *http://sourdaline.c.la/* : association d'information sur la surdité pour sensibiliser, faire découvrir, initier et former tout public intéressé à la LSF.

- *www.tendancesourd.com/* : l'actualité Web de la langue des signes, de la culture sourde, et des nouvelles technologies.

- http://www.fp.univ-paris8.fr. : formation continue et diplomante en LSF : DU, licence pro, DPCU, interprète DFSSU, DESU, assistant communication, master 2 interprétariat en LSF. Formation de septembre à juin. La licence a pour objectif de former des formateurs dotés d'une très bonne maîtrise de la langue des signes française à l'enseignement de cette langue dans les premier et second degrés de la scolarité. Cette formation répond à deux nécessités :
  • garantir la qualité de l'enseignement de la LSF aux enfants et adolescents (sourds et entendants) des premier et second degrés ;
  • conférer un statut et une qualification universitaires cohérents et reconnus aux formateurs enseignant cette langue, ceux-ci n'en disposant pas à l'heure actuelle.
  Tous renseignements en écrivant à : info-sfp@univ-paris8.fr

- *http://www.languedessignes.fr* : site de l'Académie de la langue des signes française, première association de cours de langue des signes à Paris.

- *http://www.lsfplus.fr/* : dictionnaires en ligne.

- *http://www.lexilogos.com/langue_signes.htm* : page réalisée par des professionnels sourds de l'Institut national de jeunes sourds de Metz dont quatre enseignants de et en LSF et un informaticien. Recherche par mot, par ordre alphabétique et par configuration de la main avec vidéo.

- *http://mitsic.univ-paris8.fr/index.php* : dictionnaire LSF, 600 vidéos et master professionnel handi-technologie et handicap sur le site de l'université Paris-8.

Bibliographie

Dictionnaires

- *Dictionnaire bilingue LSF/français*, éditions IVT, 2008.
- DELAPORTE (Yves), *Dictionnaire étymologique et historique de la langue des signes française. Origine et évolution de 1 200 signes*, éditions du Fox, Les Essarts-le-Roi, 2007.
- FOURNIER (Christiane), *Le Fournier signé : dictionnaire bilingue et informatisé LSF-français*, INSHEA CRDP Nord - Pas-de-Calais, 2007.

Ouvrages et revues de référence

- BERTIN (Fabrice), *Les Sourds. Histoire et culture d'une minorité invisible*, Autrement, Paris, 2010 (à paraître).
- COURTIN (Cyril), « Le Développement de la conceptualisation chez l'enfant sourd », *La Nouvelle Revue de l'AIS*, n° 17, 2001.
- CUXAC (Christian), *Le Langage des sourds*, Payot, Paris, 1983.
- CUXAC (Christian), *La Langue des signes française (LSF), les voies de l'iconicité*, Ophrys, Paris, 2000.
- DELAPORTE (Yves), *Les sourds, c'est comme ça. Ethnologie de la surdimutité*, éditions de la Maison des sciences de l'Homme, collection « Ethnologie de la France », Paris, 2002.
- DELAPORTE (Yves) et PELLETIER (Armand), *Moi, Armand, né sourd et muet*, Plon, collection « Terre humaine », Paris, 2002.
- DELAPORTE (Yves) et RENARD (Marc), *Aux origines de la langue des signes française*, Langue des Signes Éditions, Paris, 2003.
- HAMARD (Marie-Luce), « Motricité et parole chez de jeunes déficients auditifs », *La Nouvelle Revue de l'AIS*, n° 9, 1er trimestre 2000.
- LABORIT (Emmanuelle), *Le Cri de la mouette*, Robert Laffont, collection « Vécu », 1994.
- LABORIT (Emmanuelle), *Le Cri de la mouette*, paru en 1994, réédité en poche, Pocket jeunesse, Paris, 2003.
- LEPOT-FROMENT (Christiane) et CLERBAUT (Nadine), *L'Enfant sourd*, De Boeck Université, Bruxelles, 1996.
- RENARD (Marc), « Surdités, accessibilité et illettrisme », *Les Cahiers de l'Actif*

(dossier : Sourds et malentendants : entre intégration et droit à la différence... un conflit d'objectifs ?), n° 298-301, mars-juin 2001.
- SÉRO-GUILLAUME (Philippe), *Langue des signes, surdité et accès au langage*, éditions du Papyrus, Noisiel, 2008.
- VINTER (Shirley), « Construction de la communication vocale », dans *L'Enfant sourd*, de LEPOT-FROMENT (Christiane) et CLERBAUT (Nadine), De Boeck Université, Bruxelles, 1996.
- VIROLE (Benoît), *Psychologie de la surdité*, De Boeck Université, Bruxelles, actualisé en 2006.
- VIROLE (Benoît), *Aux sources de la culture sourde, être biculturel. Le cas des Sourds*, L'Harmattan, Paris, 2007.
- *C'est quoi la surdité ?*, ACFOS, Paris, 2006.
- « Langue des signes française (LSF). Enjeux culturels et pédagogiques », *La Nouvelle Revue de l'AIS*, CNEFEI, n° 23, 3e trimestre 2003.

Bandes dessinées

- LAPALU (Yves), *Léo, l'enfant sourd*, ARDDS, Paris, 1998.
- La lecture des BD de Dupuis pour les petits sourds.

Blagues

- RENARD (Marc), LAPALU (Yves), *Sourd, cent blagues*, tome II, ARRDS, Paris, 2000.

DVD

- *DVD éducatif bilingue français /LSF*, projet soutenu par l'Éducation nationale le 17 décembre 2008, présenté par l'association Les Montagnes du silence (public mixte, sourds et entendants, de 8 à 12 ans). Commission multimédia du 17 décembre 2008.

Les DVD cités ci-après sont réalisés par Didier Flory, linguiste (anglais et LSF), auteur de théâtre, concepteur multimédia (main d'or du meilleur metteur en scène entendant) et par Claire Garguier, comédienne, chargée d'accessibilité à la CSI de la Villette (main d'or de la meilleure comédienne espoir).

- *Signe-moi un fantôme*. Contes traditionnels écossais tournés dans les Highlands. En bonus : *La Bataille de Culloden* et *Le Monstre du Loch Ness*.
- *Signe-moi une fable*, fables de La Fontaine.
- *Signe-moi les Mille et Une Nuits*.
- *Jeu de l'oie, histoire des sourds*. Un jeu de l'oie sur l'histoire des sourds de l'abbé de L'Épée aux banquets de Ferdinand Berthier. QCM sur cette histoire et QCM sur l'origine des signes.

- TOURMEZ (Fabrice), *Méthode progressive pour apprendre la langue gestuelle des sourds*, en 15 étapes, avec livre et cassette vidéo, éditions Monica Companys, 2002.
- Conte sur tes doigts, éditeur associatif, a créé avec *Les Enfants-poupées*, un concept nouveau (un livre et un DVD) qui permet de réunir enfants sourds et enfants entendants autour d'une même histoire.

Glossaire des sigles

De nombreux sites académiques (www.education.gouv.fr) proposent des glossaires. Le site http://acfos.org propose un lexique des termes et des sigles utilisés dans le domaine de la surdité ou du handicap.

Principaux sigles couramment répertoriés

AEMO : service d'action éducative en milieu ouvert.
AEEH : allocation d'éducation de l'enfant handicapé.
AGEFIPH : association pour la gestion des fonds pour l'insertion professionnelle des personnes handicapées.
AIS : adaptation et intégration scolaire. Appellation officielle de l'enseignement spécialisé depuis la création du CAPSAIS en 1987, remplacée par l'appellation ASH en 2006.
APAD : assistance pédagogique à domicile.
APAJH : association pour adultes et jeunes handicapés.
ASE : aide sociale à l'enfance.
ASH : adaptation scolaire et scolarisation des élèves handicapés.
AVS : auxiliaire de vie scolaire.
AVS-Co. : auxiliaire de vie scolaire collectif.
AVS-I : auxiliaire de vie scolaire individuel.
BIAP : Bureau international d'audiophonologie.
BTS : brevet de technicien supérieur.
CAF : caisse d'allocations familiales.
CAMSP : centre d'action médico-sociale précoce.
CAPA-SH : certificat d'aptitude professionnelle pour les aides spécialisées, les enseignements adaptés et la scolarisation des élèves en situation de handicap (en remplacement du CAAPSAIS).
CAAPSAIS ou CAPSAIS : certificat d'aptitude aux actions pédagogiques spécialisées d'adaptation et d'intégration scolaires remplacé par le CAPA-SH.
2CA-SH : certificat complémentaire pour les enseignements adaptés et la

scolarisation des élèves en situation de handicap.
CAPEJS : certificat d'aptitude au professorat de l'enseignement des jeunes sourds.
CAPES : certificat d'aptitude au professorat de l'enseignement du second degré.
CATTP : centre d'accueil thérapeutique à temps partiel.
CDAPH ou CDA : commission des droits et de l'autonomie pour les personnes handicapées.
CDOEA : commission départementale d'orientation vers les enseignements adaptés.
CEM : centre d'éducation motrice.
CFA : centre de formation d'apprentis.
CFAS : centre de formation d'apprentis spécialisé.
CFG : certificat de formation générale.
CI : carte d'invalidité.
CLIS : classe d'intégration scolaire ou classe d'inclusion scolaire (circulaire du 17 juillet 2009) dans le premier degré. CLIS 1 : troubles des fonctions cognitives ou mentales. CLIS 2 : handicap auditif. CLIS 3 : handicap visuel. CLIS 4 : handicap moteur.
CMP : centre médico-psychologique.
CMPP : centre médico-psycho-pédagogique.
CNCPH : Conseil national consultatif des personnes handicapées.
CNDP : Centre national de documentation pédagogique.
CNED : Centre national d'enseignement à distance.
CNEFEI : Centre national d'étude et de formation pour l'enfance inadaptée.
CNSA : Caisse nationale de solidarité pour l'autonomie.
CRDP : centre régional de documentation pédagogique.
CREAI : centre régional d'études, d'action et d'information en faveur des personnes en situation de handicap et/ou d'inadaptation.
CSAIO : chef du service académique de l'information et de l'orientation.
DATHA : développement d'aides technologiques aux personnes handicapées.
DDASS : direction départementale des affaires sanitaires et sociales.
DDEEAS : diplôme de directeur d'établissement d'éducation adaptée ou spécialisée.
DGLFLF : délégation générale à la langue française et aux langues de France.
DRASS : direction régionale des affaires sanitaires et sociales.
DRTE : direction régionale du travail et de l'emploi.
EEAP : établissement pour enfants et adolescents polyhandicapés.
EGPA : enseignement général et professionnel adapté.
EPE : équipe pluridisciplinaire d'évaluation.

EREA : établissement régional d'enseignement adapté.
ESEN : École supérieure de l'Éducation nationale.
ESS : équipe de suivi de la scolarisation.
GRETA : groupement d'établissements (de l'Éducation nationale pour la formation des adultes).
HDJ ou HJ : hôpital de jour.
IA : inspection académique.
IA-DSDEN : inspecteur d'académie, directeur des services départementaux de l'Éducation nationale.
IA-IPR-ASH : inspecteur d'académie – inspecteur pédagogique régional chargé de l'adaptation scolaire et de la scolarisation des élèves handicapés.
IEM : institut d'éducation motrice.
IEN-AIS : ancienne dénomination des IEN-ASH.
IEN-ASH : inspecteur de l'Éducation nationale chargé de l'adaptation scolaire et de la scolarisation des élèves handicapés.
IES : institut d'éducation sensoriel.
IME : institut médico-éducatif.
IMP : institut médico-pédagogique.
IMPRO : institut médico-professionnel.
INS-HEA : Institut national supérieur de formation et de recherche pour l'éducation des jeunes handicapés et les enseignements adaptés.
ITEP : institut thérapeutique éducatif et pédagogique.
IUFM : institut universitaire de formation des maîtres.
LGT : lycée général et technologique.
LP : lycée professionnel.
LPC : langage parlé complété.
LSF : langue des signes française.
MDPH : maison départementale des personnes handicapées.
MECS : maison d'enfants à caractère social.
ONISEP : Office national d'information sur les enseignements et les professions.
PAI : projet d'accueil individualisé.
PIA : projet individuel d'accompagnement.
PJJ : protection judiciaire de la jeunesse.
PMI : protection maternelle et infantile.
PPRE : programme personnalisé de réussite éducative.
PPS : projet personnalisé de scolarisation.

RASED : réseau d'aides spécialisées aux enfants en difficulté.
SAAAIS : service d'aide à l'acquisition de l'autonomie et à l'intégration scolaire (pour déficients visuels de plus de 3 ans).
SAFEP : service d'accompagnement familial et d'éducation précoce (déficients auditifs et visuels de 0 à 3 ans).
SAPAD : service d'assistance pédagogique à domicile.
SDTICE : sous-direction des technologies de l'information et de la communication pour l'éducation.
SEGPA : section d'enseignement général et professionnel adapté.
SESSAD : service d'éducation et de soins spécialisés à domicile.
SSAD : service de soins et d'aide à domicile (pour polyhandicapés).
SSEFIS : service de soutien à l'éducation familiale et à l'intégration scolaire (déficients auditifs de plus de 3 ans).
SSESD : service de soins et d'éducation spécialisés à domicile (terme générique regroupant les SESSAD, SSEFIS, SSAD, SAAAIS).
TED : troubles envahissants du développement.
TICE : technologie de l'information et de la communication pour l'éducation.
TSA : troubles spécifiques des apprentissages.
TSL : trouble spécifique du langage.
UNAPEDA : Union nationale des parents d'enfants déficients auditifs.
UPI : unité pédagogique d'intégration (dans le second degré).
URAPEDA : Union régionale des parents d'enfants déficients auditifs.
WAI : Web Accessibility Initiative.
W3C : World Wide Web Consortium.

Table des matières

PEFC
PEFC/10-31-1381
PROMOUVOIR
LA GESTION DURABLE
DE LA FORÊT

Imprimé en France
Jouve, 1 rue du Docteur-Sauvé, 53100 Mayenne
Dépôt légal : mars 2010